MW00767871

PRAXIS

PRAXIS

Teología Práctica

Gabriel Etzel y
Ben Gutiérrez

B&H
Español
NASHVILLE, TENNESSEE

Praxis: Teología práctica
Copyright © 2013 por Gabriel Etzel y Ben Gutiérrez
Todos los derechos reservados.
Derechos internacionales registrados.

Publicado por B&H Publishing Group
Nashville, Tennessee

ISBN: 978-1-4336-7944-5

Publicado originalmente en inglés por Academx Publishing Services, Inc. con el título
Praxis: Beyond Theory © 2012 por Gabriel Etzel y Ben Gutiérrez.

Traducción al español: Gabriela De Francesco de Colacilli

Diseño interior: *A&W Publishing Electronic Services*

Impreso en EE.UU.
1 2 3 4 5 * 16 15 14 13

DEDICATORIA

PARA LOS EXCEPCIONALES ESTUDIANTES DE LIBERTY UNIVERSITY:

Nuestra perspectiva se agudiza con sus valiosos aportes,

su entusiasmo por la vida nos llena de energía,

y su compromiso con Cristo nos enseña.

¡SON LOS MEJORES ALUMNOS DEL MUNDO!

¡LIBERTY UNIVERSITY ES EL LUGAR IDEAL PARA ENSEÑAR!

RECONOCIMIENTOS

Esta página sirve para reconocer el infinito apoyo que recibimos al escribir este libro. Sin la ayuda de estas personas, no podríamos haber terminado esta tarea tan satisfactoria.

A nuestras esposas Whitney Etzel y Tammy Gutiérrez: su apoyo y aliento a través de los altibajos de la vida nos ayudan a seguir adelante y avivan nuestro ministerio.

A nuestros preciosos hijos: Landon, Ava e Isaac Etzel, y Lauren y Emma Gutiérrez. Llenan nuestra vida de gozo y risas. Nuestra oración es que cada día podamos ser un ejemplo para ustedes de las verdades que enseña este libro. Los amamos muchísimo.

A Jill Walker: tu forma perspicaz y meticulosa de manejar el proceso de edición de este libro ha sido incomparable. Tu profesionalismo, tu conocimiento del proceso y tu espíritu flexible fueron cruciales para finalizar esta obra. Sin tu contribución, no podríamos haberla completado. ¡Muchas gracias!

A Anne Alexander: gracias por prestar atención a los más mínimos detalles. Tu edición técnica hizo que el libro fuera mucho más sencillo de leer, y añadió los toques finales al manuscrito.

A Russell Shaw: gracias por tu capacidad para infundir vida a las palabras mediante el arte de la ilustración. Tu creatividad y dedicación a los detalles dieron los toques finales a este proyecto.

A nuestros líderes y colegas en Liberty University: gracias por su aliento para escribir, enseñar, administrar, liderar y soñar en grande. Nos proporcionan un ambiente sumamente enriquecedor donde edificar el Cuerpo de Cristo. ¡No hay mejor lugar para vivir, trabajar y ministrar que en Liberty Mountain!

ÍNDICE

LA SALVACIÓN

LA IGLESIA

LA VIDA CRISTIANA

LOS ÚLTIMOS TIEMPOS

INTRODUCCIÓN:
LA TEOLOGÍA DEBE FUNCIONAR EN LA VIDA REAL

«Estar orgulloso de exponer sobre una teología que carezca de aplicación específica, práctica y relevante para la vida es como estar orgulloso de un árbol estéril».
—Ben Gutiérrez

«¡Esto es demasiado para mí!».

«¿Entonces para qué molestarse? De todas maneras, nadie lo entiende».

«La teología es solo para algunos escogidos, con mentes que puedan manejar esa información».

«¿Podemos dejar de lado toda esta teología y simplemente hablar de Jesús?».

«¡No hace falta ser teólogo para adorar a Dios!».

Nos cansamos de escucharlo
Hemos escuchado todas estas respuestas (y más) de parte de personas que decidieron dejar de estudiar teología o conversar sobre cuestiones teológicas... y es una pena. Lo lamentable es que así declaran que algo hermoso, útil y de provecho espiritual es absolutamente innecesario. No tendría que ser así.

Al enseñar teología también hay que explicar cómo puede cambiar la vida de una persona
Creemos que la teología es ineficaz a menos que produzca un cambio de vida en el corazón humano, ¡lo cual se traduce en acciones transformadas! Muchos profesores han enseñado teología como si fuera una interminable lista de términos, definiciones y conceptos para memorizar; sin llevar jamás a los alumnos un paso más allá y enseñarles cómo la teología puede afectar sus vidas, su discurso y sus esfuerzos hoy mismo. El propósito de este libro es ayudarte a comprender los conceptos esenciales de la vida cristiana y también la manera de ponerlos en práctica en tu vida... ahora... ¡hoy mismo!

Creemos que para todo profesor de teología, lo más emocionante tendría que ser observar que un alumno permite que sus convicciones teológicas afecten sus acciones y decisiones cotidianas. El problema es que hay demasiados teólogos a los que les interesa más escucharse hablar que ver cambios de vida en sus alumnos. En lugar de concentrarse en cubrir todos los temas del día dentro del horario de clase, creemos que es más importante que las verdades que estudiamos en teología afecten e influyan en cada decisión que toma un creyente: en la vida real, en tiempo real.

Si al terminar una clase o un libro nadie ha podido comprender cómo vivir la verdad teológica, lo único que habremos logrado es darle una falsa sensación de satisfacción a un orador que disfrutó de escuchar su propio parloteo durante una hora, o a un autor de teología que escribió volúmenes de verbosidad y erudición perfunctoria (hablo como un verdadero teólogo, ¿no?).

No olvides añadir agua

Enseñar teología sin una aplicación específica, práctica y relevante para la vida es como preparar chocolate caliente volcando polvo de cacao en la taza, ¡pero sin añadir agua! Es verdad, en teoría tienes el ingrediente correcto, ¡pero te falta la consistencia que le proporciona a una taza de chocolate caliente su cualidad tan satisfactoria! Hasta que no añades «agua» (la aplicación práctica), no tienes la mezcla y la consistencia adecuadas que le infunden propósito a la teología. No realizar esta mezcla necesaria es como alguien que nunca termina de comprender el significado genuino de la verdad. Santiago 2:14a,17,20 aborda esta idea:

«Amados hermanos, ¿de qué le sirve a uno decir que tiene fe si no lo demuestra con sus acciones? [...] Como pueden ver, la fe por sí sola no es suficiente. A menos que produzca buenas acciones, está muerta y es inútil. [...] ¡Qué tontería! ¿Acaso no te das cuenta de que la fe sin buenas acciones es inútil?».

Te parecerás a lo que crees de verdad

¿Alguna vez escuchaste decir «eres lo que comes»? Bueno, lo mismo se aplica a la teología: «¡Tus acciones reflejarán tus convicciones más profundas!». O, como lo expresa la Biblia: «Lo que uno dice brota de lo que hay en el corazón» (Luc. 6:45b). Es imposible escapar a la realidad de que las acciones se apoyan en los pensamientos, las creencias y las convicciones. Lo que crees afectará tus palabras, tus acciones y tus reacciones en la vida. Por tanto, es importante saber lo que crees y asegurarte de que tus actos estén alineados con tus convicciones.

Tenemos una convicción

Creemos que para hablar de teología, hay que ser sumamente práctico. Para nosotros, cuanto más hondo nos sumerjamos en las aguas del debate teológico, más específica y profunda debería ser la aplicación personal. Cuanto más intensa sea la discusión teológica, más deliberadamente práctico tendría que ser el resultado. Por eso, no nos arrepentimos de haber escrito un libro de teología básica totalmente práctico.

Queremos que tengas estas mismas convicciones. No te conformes con solo obtener conocimiento; antes de poder decir que comprendes cualquier concepto teológico, esfuérzate todo lo posible por aprender a aplicarlo de forma práctica a tu vida.

¡Este libro es totalmente práctico!
Creemos que si tú, el alumno, puedes leer y comprender un concepto teológico pero no sabes cómo debería afectar tus acciones, tu conocimiento es incompleto, y la instrucción no ha sido eficaz. Por eso estamos comprometidos a suplementar todos los escritos teológicos que los estudiantes tienen hoy a su disposición con este libro breve y conciso sobre cómo hacer que la teología sea relevante.

Mejor si es sencillo
Para que la teología sea práctica y relevante creemos que tienes que hablar con términos claros y sencillos. Esto no significa que haya que «bajar el nivel» de la enseñanza; de ninguna manera. Lo que queremos decir es que la «teología» no tiene por qué ser sinónimo de «confusión» tras cinco minutos de leer un libro de texto sobre el tema. Creemos que se pueden transmitir profundas verdades teológicas en términos sencillos y comprensibles para todos. No es cuestión de desechar la teología por la práctica, sino de armonizar ambas. Fue así como escribimos este libro.

No tenemos todas las respuestas
Este libro fue hecho para acompañar un material teológico más extenso, y con el objetivo específico de proporcionar aplicación práctica y relevante para cualquier lección sobre teología. De buena gana admitimos que no tenemos todas las respuestas. Además, este libro no pretende tratar todas las doctrinas teológicas importantes. Comprendemos que hay muchas que no aparecen aquí. Por eso te alentamos a consultar otros autores cristianos evangélicos que hayan elaborado más estas doctrinas y que cubran tópicos que no pudimos tratar aquí. Una vez más, nuestro objetivo es concentrarnos en resumir distintas doctrinas teológicas y describir sus repercusiones prácticas. Te pedimos disculpas si no tratamos alguna que te resulte importante. La omisión de cualquiera de ellas no significa de ninguna manera que le restemos importancia.

No te sientas intimidado
Antes de leer este libro, quizás nunca antes hayas estudiado teología, y mucho menos considerado cómo esta podría aplicarse a tu vida personal. Quiero animarte, no estás solo. Recordamos cómo fue abordar algunos de estos conceptos por primera vez. Hemos hablado con muchos grupos de estudiantes que nos han hecho la misma clase

de preguntas, interrogantes con los que nosotros mismos luchamos. Así que decidimos tener presente lo que quizás sientas o pienses al evaluar cada uno de estos conceptos teológicos.

Decimos todo en amor
Al escribir este libro, nos esforzamos por decir la verdad, ser relevantes y respetuosos. Intentamos no parecer degradantes ni irreverentes, y no incluir ningún «sermón» que pueda parecer bueno pero sea irrelevante para la vida cotidiana. Además, en nuestro resumen y aplicación de cada doctrina teológica, tratamos de demostrar el más sincero respeto por los que aún no han puesto su fe en Jesucristo como Señor y Salvador. Por favor, acepta nuestras sinceras disculpas si sientes que no logramos este objetivo, o si algo te parece irrespetuoso. Si bien es cierto que no escondemos nuestra fe en las doctrinas de este libro, intentamos presentar nuestras reflexiones con respeto.

Te tenemos en cuenta
Nuestro deseo sincero es que a lo largo de esta travesía con nosotros, descubras verdades maravillosas sobre (1) Dios como el Creador del mundo, (2) la vida, la muerte y la resurrección de Jesucristo, (3) la guía diaria del Espíritu Santo, (4) la vida, la muerte y la eternidad, (5) tu necesidad de ser perdonado por un Dios amoroso que te invita a conocerlo personalmente. Haremos todo lo posible para responder con respeto y sinceridad a las preguntas más importantes.

¡Oraremos por ti durante esta travesía!
A pesar de que es imposible que podamos conocer a todos los que leen este libro (¡aunque nos gustaría!), prometemos orar asiduamente por ti, para que crezcas «en la gracia y el conocimiento de nuestro Señor y Salvador Jesucristo» (2 Ped. 3:18). Con cada página que leas, esperamos que recuerdes que nosotros y muchos otros estamos orando por ti. Así que aprovecha esta etapa de tu vida para dedicarte de lleno a las preguntas que siempre quisiste abordar. Que sea un tiempo de verdadera introspección. ¡Oraremos para que Dios nos sorprenda con lo mucho que nos enseñará en esta travesía!

Atentamente,

GABRIEL ETZEL y BEN GUTIÉRREZ

FORMULEMOS UNA TEOLOGÍA SISTEMÁTICA

CAPÍTULO 1

LA TEOLOGÍA

«Es la disciplina que se esfuerza por dar una visión coherente de las doctrinas de la fe cristiana. Se apoya fundamentalmente en las Escrituras, aparece en el contexto de la cultura en general, está expresada en lenguaje contemporáneo y se relaciona con la problemática de la vida».
—MILLARD ERICKSON, *Christian Theology* [Teología cristiana], 23

Alguien dijo que todos somos teólogos, porque todos tenemos una visión sobre Dios. Se trata en esencia de una afirmación universalmente verdadera, porque todos tenemos pensamientos e ideas sobre Dios. Es más, nuestra visión de Dios influye en nuestra forma de vivir, y refleja esas concepciones. Si pensamos que Él es «el viejo de arriba», tal vez creamos que no nos pedirá cuenta de lo que hacemos, o que ni siquiera nos presta atención. Otros lo ven como un malvado que espera que nos equivoquemos para poder castigarnos.

A. W. Tozer afirmó: «La infravaloración de Dios que es casi universal entre los cristianos es la causa de cientos de pequeños males en medio nuestro. De este error esencial en nuestro pensamiento religioso ha surgido toda una nueva filosofía de la vida cristiana» (*The Knowledge of the Holy: The Attributes of God* [El conocimiento del Santo: los atributos de Dios], vii). Por eso es tan importante el estudio de la teología. Nuestra manera de ver a Dios influye en todo lo que hacemos: en nuestra forma de tratar a los demás (como individuos creados a imagen de Dios), en nuestra mayordomía de la creación, en la comprensión de nuestra vocación como manera de glorificar al Señor; todas las áreas de la vida cambian cuando nuestra visión de Dios cambia.

En su capítulo sobre la función de la iglesia en la apologética, el autor y orador Ravi Zacharias declara: «C. S. Lewis afirmó una vez que si no puedes explicar una verdad sencilla, lo más probable es que no la comprendas. En mi propia incursión en la apologética, recuerdo haber pasado muchas caminatas matutinas preguntándome si confiaba en mis propias respuestas. ¿Me resultaban convincentes? Entonces, surgió una segunda pregunta: ¿comprendo de verdad la profundidad de estas preguntas? Eso me llevó a tomar el largo camino del estudio» (*Beyond Opinion* [Más allá de la opinión], 313).

Todos los días nos enfrentamos a preguntas sobre Dios. Nosotros hacemos algunas, y otras surgen de la boca de nuestros compañeros de trabajo, nuestros cónyuges o nuestros hijos. Dios nos ha dado la responsabilidad de hablar sobre la esperanza que tenemos (ver 1 Ped. 3:15). Pedro escribió esto mientras sufría por hacer lo correcto. Cuando los demás ven que una persona vive para Dios, aun en medio de un sufrimiento que no comprende, se preguntan cómo es posible que uno siga haciendo lo correcto. Pedro afirma que en esas ocasiones tenemos que estar preparados para responder.

Estoy convencido de que a menos que hayas determinado por qué quieres ser fiel a Dios antes de enfrentar una dificultad, la respuesta quizás no aparezca en ese momento de tensión. Obedezcamos el mandamiento de Dios y estemos listos para hablar de la esperanza que tenemos.

APLICACIÓN PRÁCTICA:

¡¿Una teo-qué?!
Amigo – Padrino – Padre – Esposo – Hijo – Profesor – Orador – Escritor.

Todos estos títulos me describen... y ninguno me sorprende. Es más, mientras crecía, le pedí a Dios que me otorgara algunos. Siempre me gustó enseñar. Quería casarme algún día. Y a pesar de que durante mis años de escuela secundaria y principios de la universidad me costó pensar en la idea de tener hijos, con el tiempo empezó a gustarme el título de «padre». Pero nunca imaginé que me iban a llamar «teólogo».

No tengo el «look»
Siempre pensé que los «teólogos» eran hombres mayores con barbas desaliñadas (no sé por qué, pero siempre imagino a los hombres inteligentes con barba), y que usaban camisas abotonadas un tanto arrugadas, debajo de una chaqueta deportiva con parches en los codos. Pensaba que el término se aplicaba a los que no tenían ni la menor idea de lo que pasaba en el mundo de los deportes, pero podían describirte cada parte gastada de un añejo pergamino que conservaba los antiguos escritos bíblicos del libro de Habacuc... para mí, eso era un teólogo.

Algo para agregar a tu C.V.
Aunque quizás nunca pidas permiso en el trabajo para ir a observar el antiguo códice del Evangelio de Lucas, del siglo III, en el Instituto Smithsoniano (códice que, por cierto, existe), eso no significa que no seas un teólogo. Puedes ser: (1) un teólogo informado, que ha investigado información pertinente, ha reflexionado sobre el tema y ha sacado conclusiones; (2) un teólogo en ciernes, que investiga con el sincero deseo de llegar a las conclusiones correctas; (3) un teólogo sin conocimientos, porque nunca te has tomado el tiempo para investigar la información pertinente, o bien porque has decidido

no hacerlo. No importa qué camino hayas tomado, en cierta manera eres teólogo. La buena noticia es que todos tenemos derecho a opinar sobre cuestiones espirituales.

Lo que crees (o niegas) determinará tu forma de vivir

Sin importar la firmeza de tu postura en cuestiones espirituales, al final lo que crees afectará lo que haces. Por ejemplo, si nunca consideraste las enseñanzas bíblicas respecto al estado eterno del alma, probablemente no te interese investigar los escritos bíblicos que enseñan sobre la necesidad humana de tener paz con Dios. Sin embargo, que no te preguntes sobre el estado eterno del alma no significa que no tengas una postura al respecto. Tu posición es simplemente que no es importante tener la respuesta a este interrogante en esta vida.

Otros, sin embargo, que sí han meditado en las enseñanzas bíblicas sobre la eternidad del alma y han considerado aceptar a Jesucristo como Salvador personal, piensan que esta concreta pregunta espiritual tiene valor y debería jugar un papel importante en nuestra forma de pensar. Así que sin importar cuán apasionado o indiferente seas frente a cuestiones espirituales, vives según alguna perspectiva teológica.

¿Me gustará lo que descubra?

¿Por qué a las personas no les gusta considerar cuestiones espirituales? Sin duda, hay muchas razones, pero he descubierto que algunos simplemente no quieren estudiar estos temas por la posible repercusión que pueda tener en sus vidas. En otras palabras, sienten que si consideran con seriedad algunas de estas profundas cuestiones sobre la vida y Dios, tal vez descubran que tienen la responsabilidad de responder en consecuencia (y tienen razón). Entonces, deciden no participar del debate espiritual. Sin embargo, ignorar las preguntas espirituales no invalida la responsabilidad de ser un buen teólogo. Recuerda este principio: quedarnos de brazos cruzados no nos libera de la responsabilidad de ser buenos teólogos.

Comienza hoy mismo tu travesía

Te aliento a que comiences hoy esta travesía espiritual. Toma tiempo para reflexionar sobre cuestiones espirituales, haz muchas preguntas. Dedícate a conversar con otros cristianos sobre estos temas importantes. Emociónate por lo que puedes llegar a descubrir. Pero lo más importante es que debes insistir en responder a la verdad que descubras en este viaje espiritual. Comprométete a obedecer lo que aprendes sobre Dios, y Sus enseñanzas sobre tu vida y tu relación con Él.

Puede ser una travesía emocionante.

En realidad ya estás poniendo los cimientos... así que mejor que te asegures de construir sobre terreno sólido.

Estudia lo que la Biblia enseña sobre la importancia de estudiar teología

Aquí tienes otros versículos para leer sobre el tema: Salmos 46:10; Mateo 22:29; Juan 5:39-40; 2 Timoteo 2:15.

Anótalo...

...¡y ponlo en PRÁCTICA!

Anótalo...

CAPÍTULO 2

LA FE

«Pregunta: ¿Qué es la fe en Jesucristo? Respuesta: Es una gracia salvadora
por la cual recibimos a Cristo como nos es ofrecido en el evangelio
y confiamos solamente en Él para la salvación».

—CATECISMO MENOR DE WESTMINSTER

La palabra griega para fe es *pistis*, que denota la convicción de que algo es cierto.
Por ceñirnos al tema que nos ocupa, nos concentraremos en la fe salvífica en Jesús.
Correctamente entendida, la fe no solo se aplica al momento de la salvación, sino a
toda la vida de la persona desde la conversión. Como afirma Wayne Grudem: «La fe
salvadora es la confianza en Jesucristo como Aquél que perdona los pecados y ofrece
vida eterna con Dios» (*Bible Doctrine* [Doctrina bíblica], 308).

Al pensar en la trascendencia de la fe, deberíamos tener en cuenta un par de factores
importantes. En primer lugar, somos salvos por fe solamente. Efesios 2:8-9 lo deja bien
claro: «Dios los salvó por su gracia cuando creyeron. Ustedes no tienen ningún mérito
en eso; es un regalo de Dios. La salvación no es un premio por las cosas buenas que
hayamos hecho, así que ninguno de nosotros puede jactarse de ser salvo». No nos gana-
mos el acceso a Dios. No llegamos al cielo por esfuerzo propio. Cuando todavía éramos
pecadores, rebeldes al reino de Dios, Jesús murió por nuestros pecados (Rom. 5:8). En
segundo lugar, la fe sin obras está muerta. Santiago 2:17 indica: «Como pueden ver, la
fe por sí sola no es suficiente. A menos que produzca buenas acciones, está muerta y
es inútil». La verdadera fe en Jesucristo produce un cambio de vida. Pablo describe esta
transformación como el deshacerse del viejo hombre y ponerse la nueva naturaleza (Ef.
4:17-24). Teológicamente, el término «regeneración» se usa para identificar este nuevo
nacimiento. Si una persona es en verdad salva, lo demostrará con su manera de vivir.

Quizás algunos estén algo confundidos, porque podría parecer que se afirman dos
cosas contradictorias: (1) lo importante es la fe y no las obras, y (2) la fe tiene que
tener obras. Al contrario de lo que alguien pueda pensar, creo que si comprendemos
bien ambos conceptos, veremos que encajan perfectamente. La idea de la fe separada
de las obras se refiere específicamente a la conversión del individuo. ¿Acaso las obras
pueden salvar? No, solo salva la fe, el regalo gratuito de Dios. Entonces, ¿por qué
Santiago menciona las obras? La respuesta es que el apóstol se refiere a la evidencia
de esa fe. Lo que quiere decir es que si en verdad tienes fe que salva, entonces los
cambios en tu vida lo demostrarán. Tus acciones lo reflejarán.

Otra cuestión importante para tener en mente es que Jesús declaró que incluso una pizca de fe puede lograr grandes cosas (Luc. 17:6). Por más importante que sea tener fe, es esencial asegurarnos de que esté dirigida a la persona o al objeto correctos. ¿No te ha ocurrido estar convencido de que algo era verdad, pero descubrir al final que estabas equivocado? Aunque tenías fe, en última instancia esa fe probó ser igual de buena que el objeto o la persona en que descansaba. Tenemos buenas razones para poner nuestra fe en Jesús. Ya ha demostrado muchas veces Su fidelidad, y ha prometido no olvidar a Sus seguidores cuando entre a Su reino (Juan 14). La resurrección de Jesús fue la demostración suprema de que es digno de nuestra fe. Ese milagro debería darte plena convicción en cuanto a Su credibilidad.

APLICACIÓN PRÁCTICA:

Buen intento, pero no fue suficiente

Ha habido muchos intentos de explicar la «fe» en la vida del creyente. Por desgracia, muchas de esas tentativas se derrumban en un punto determinado, o peor aún, ni siquiera comienzan con una premisa y comprensión acertadas al respecto. Se me ocurren algunas, y es necesario analizarlas para demostrar que esas analogías se vienen abajo en algún momento (¡o ni siquiera despegan!). No queremos que te confundas al edificar tu propia fe en el Señor Jesucristo.

La «fe ciega» no funciona

Siempre me desconcierta escuchar a los cristianos que afirman tener «fe ciega» en el Señor, y dicen que no hay manera de probar si su fe es verdadera o no; simplemente han decidido tener fe en Jesucristo. Declarar algo semejante es ignorar el intelecto y la capacidad de raciocinio que Dios nos proporcionó al crearnos, con el fin de que pudiésemos discernir la verdad que nos ha dejado en Su Palabra, la Biblia (ver capítulos «La razón y el intelecto», «El lenguaje», «La Biblia», y «La verdad»).

La «silla» podría caerse

Muchos creyentes bienintencionados ofrecen otra analogía conocida que, por desgracia, se queda corta a la hora de explicar la fe necesaria para creer en Jesucristo. He escuchado que algunos sacan una silla plegable al escenario y describen que sentarse allí es como tener fe en Jesucristo —no lo razonas, simplemente lo haces— y tienes fe en que la silla te sostendrá.

Esta analogía puede explicar el nivel inicial de confianza en Cristo; pero solo una vez que determinas que la silla es de construcción firme y puede sostenerte cuando te sientes. El problema con esta analogía aparece al preguntar: «Bueno, esa silla de metal puede sostenerme hoy... y quizás mañana; pero ¿qué sucede si se queda a la intemperie durante varios años? ¿Puedo confiar en que me sostenga si está oxidada y corroída? ¿O qué me dices de una silla nueva que tiene que soportar a alguien que excede su capacidad? Esta analogía puede servir para ilustrar cómo descansar seguro en algo una vez que decides que es digno de tu confianza y puede sostenerte; la verdadera fe requiere análisis.

Dilo sin rodeos

He descubierto que la mejor manera de explicar cómo tener verdadera fe en Jesucristo es decirlo sin rodeos, sin analogías. Describir con sencillez los hechos que hay que saber y creer es la mejor manera de explicar la naturaleza histórica y fáctica del nivel de fe necesario para ser cristiano.

Aquí lo tienes:

Dios vino al mundo para ofrecer Su propia vida como pago por el pecado que apareció cuando la humanidad decidió desobedecer a Dios al principio de la creación (ver capítulo «El nacimiento virginal»). Tras entregar Su vida en la cruz, Jesús resucitó físicamente tres días más tarde (ver capítulos «La expiación» y «La resurrección»). La resurrección probó que todo lo que había afirmado Cristo sobre el perdón de los pecados no era solo posible, sino también una promesa segura. Antes de ascender al cielo (ver capítulo «La ascensión»), Jesús instruyó a Sus seguidores para que anunciaran la buena nueva sobre cómo alguien puede ser salvo del pecado que habita en todo ser humano (ver capítulos «El pecado» y «La salvación»). Para ser «salva», cada persona debe confiar en los siguientes hechos históricos: (1) Jesús en verdad era Dios encarnado (es decir, hecho hombre) y sin pecado; (2) vino literalmente a la Tierra; (3) ofreció el perdón de los pecados mediante Su sacrificio expiatorio en la cruz (ver capítulo «La expiación»); (4) se levantó físicamente de entre los muertos (ver el capítulo «La resurrección»); (5) Él es el único pago suficiente para redimir el pecado de la humanidad. Una vez que aceptes la responsabilidad de tu propia pecaminosidad, pídele a Dios que te perdone y que se transforme en el Salvador de tu alma.

El resultado

Cuando aceptas estos hechos y comienzas a confiar y a depender de Jesucristo solamente, te transformas en un miembro de Su familia. Y una vez que experimentas la realidad irrefutable de que Dios puede salvar tu alma, tendrías que poder confiar plenamente en Él para ayudarte con las cuestiones cotidianas de la vida, porque ya ha demostrado Su fiabilidad al proporcionarte una salvación segura.

《 LA FE EN JESÚS NUNCA ES CIEGA... NO ES PASAJERA NI INCIERTA. ES UNA FE SEGURA Y CONFIADA EN UNA PERSONA: EN DIOS MISMO, JESUCRISTO 》.

Así que si me escuchas afirmar con facilidad que «confío en Dios para esto o aquello», lo hago porque Dios es fiel al hacer y cumplir promesas, y ha demostrado Su poder y Su autoridad en mi vida. La fe en Jesús nunca es ciega... No es pasajera ni incierta. Es una fe segura y confiada en una persona: en Dios mismo, Jesucristo.

Estudia lo que la Biblia enseña sobre la importancia de la fe
Aquí tienes algunos versículos para leer sobre el tema: Génesis 12; Hebreos 11; Efesios 2:4-10; Santiago 2:14-26; Romanos 10:17.

Anótalo...

... ¡y ponlo en PRÁCTICA!

Anótalo...

CAPÍTULO 3

LA RAZÓN/EL INTELECTO

«Es la capacidad del intelecto humano para llevar a cabo actividades mentales organizadas, como la asociación de ideas, la inducción y deducción de inferencias, o la formulación de juicios de valor».

—*EVANGELICAL DICTIONARY OF THEOLOGY*
[Diccionario evangélico de teología], 990

¿Hay lugar para la razón humana en el estudio de la teología? Por supuesto. Es más, con solo hacer la pregunta, uno comienza hasta cierto punto a ejercitar la razón. Parece imposible imaginar un sistema teológico legítimo que no utilice la razón de alguna manera. Aunque algunos sistemas han intentado evitar el uso de la razón, cuando intentan convencer a otros de su punto de vista demuestran la falacia de lo que afirman.

Dios declara en Isaías 1:18: «Vengan ahora. Vamos a resolver este asunto...». La versión LBLA traduce así este pasaje: «Venid ahora, y razonemos...». La palabra hebrea utilizada en el pasaje es *yakach*, y conlleva la idea de juicio, prueba o decisión. En otras partes de la Biblia también se alienta el uso de la razón, como cuando los profetas le piden a Israel que recuerde las lecciones que aprendió en el pasado sobre la fidelidad de Dios. Dentro del Nuevo Testamento, el martirio de Esteban constituye otro ejemplo. Cuando se encuentra ante el Sanedrín, utiliza la historia de la nación de Israel para demostrar la persona y la obra de Jesús (Hech. 7).

Reconocer la utilidad de la razón no significa restarle importancia al efecto del pecado sobre toda la humanidad. Romanos 1 deja claro que el pecado afectó a nuestra mente. Si el Espíritu Santo no la renueva, no tenemos esperanza de entender las cosas de Dios (Rom. 12:2). El Señor afirma que Sus caminos son más altos que los nuestros, y Sus pensamientos están por encima de los nuestros (Isaías 55:8). Sin embargo, tenemos al Espíritu Santo, y el testimonio de la Palabra de Dios; además, tenemos las palabras y las obras de Jesús para ayudarnos a procesar la verdad de Dios, tanto en Su revelación general como especial.

En toda la Palabra, vemos a los escritores bíblicos argumentar desde el texto, desde la creación y desde la historia. Jesús también lo hizo durante Su ministerio, cuando apeló al individuo completo, incluidas sus capacidades mentales. Esto de ninguna manera indica que deberíamos colocar nuestra comprensión humana por encima de Dios o Su Palabra. Solo intento mostrar que las Escrituras apelan a la razón.

La historia de la iglesia cristiana es variada en este tema. Algunos ven poco espacio para el uso de la razón en la fe cristiana. Otros la exaltan casi al nivel de la Escritura misma, o incluso por encima. Como sucede con muchos principios teológicos, el reto consiste en no colocar a nadie ni nada en el lugar de supremacía que le corresponde en exclusiva a Dios. La razón es una herramienta poderosa que Dios nos ha dado. Nuestra tarea es usarla para Su gloria, y no para la nuestra.

« NI LA BIBLIA NI EL CRISTIANISMO REQUIEREN QUE LOS CREYENTES DEJEN DE LADO LA CAPACIDAD DE PENSAMIENTO CRÍTICO QUE DIOS LES DIO PARA ESTUDIAR LA VERDAD ».

APLICACIÓN PRÁCTICA:

No dejes tu cerebro en la puerta
Ni la Biblia ni el cristianismo requieren que los creyentes dejen de lado la capacidad de pensamiento crítico que Dios les dio para estudiar la verdad. Dios creó a los seres humanos con la excepcional capacidad de pensar, sentir y procesar la verdad (ver capítulo «La imagen de Dios»). Así que, por supuesto, Dios nos anima a estudiar Su verdad con nuestra mente y nuestro corazón. Jesús mismo afirmó: «Amarás al Señor tu Dios con todo tu corazón, con toda tu alma y con toda tu mente» (Mat. 22:37). El libro *Consider* [Considera] proporciona los siguientes ejemplos, que nos recuerdan que el «pensamiento crítico» es tanto aceptable como esperado cuando se habla de temas espirituales:

A menudo tenemos que dejar de lado nuestras emociones para poder pensar con claridad, de forma crítica, con el fin de tomar decisiones sabias. Es una práctica común y cotidiana, pero quizás ni siquiera seamos conscientes de ella.

Por ejemplo, en español, ¿cómo sabes si la palabra «lee» debería entenderse como un imperativo («tú, lee ese libro»), o como la descripción de alguien que «lee un libro» en determinado momento?

Pensamiento crítico.

Otro ejemplo es la palabra «conflicto». ¿Se refiere a un «conflicto» (un momento de desacuerdo y tensión) entre nuestros hijos? ¿O se refiere a que nuestro punto de vista está en «conflicto» con el de otra persona (es decir, es contradictorio o se opone)? ¿Cómo sabemos la diferencia de significado?

Pensamiento crítico.

¿Qué diferencia hay entre «la margen» y «el margen»? Un simple artículo cambia el sentido. Con el mismo vocablo, puedo referirme a «la margen del río» o «el margen de la hoja». ¿Cómo distingues la diferencia?

Pensamiento crítico.

En los ejemplos anteriores, la comprensión del contexto es necesaria en el proceso del pensamiento crítico. Hace falta discernimiento en todas las áreas de la vida, y el discernimiento solo se obtiene a través del pensamiento crítico.

Hoy en día, al defender a ultranza las ideas de la tolerancia y el pluralismo, algunos incluso rechazan que se puedan cuestionar las creencias de los demás. Lo que una persona cree es importante, y poder pensar de forma crítica y desafiar con inteligencia las ideas equivocadas es fundamental para tomar decisiones sabias.

Piénsalo un poco
Al considerar las pretensiones de verdad del cristianismo, tómate un tiempo para razonar con otro creyente sobre estas declaraciones y sus repercusiones. Piénsalo con cuidado, ya que esto repercutirá tanto en tu vida presente como en la eterna. Tómate un tiempo para hablar de este tema largo y tendido con alguien. Haz preguntas y habla con un profesor, un compañero de clase o un amigo que sea creyente y se comprometa a participar en estos debates. Por supuesto, una sola persona no puede tener todas las respuestas, así que encuentra a alguien lo suficientemente sincero como para admitir que no lo sabe todo, pero que te prometa examinar la Biblia y consultar con otros creyentes.

Es una travesía que vale la pena
Quiero animarte a que te comprometas a comenzar una travesía espiritual en busca de la verdad durante las próximas semanas. Así podrás estimular tu deseo intelectual de hallar verdad y también remover tus sentimientos y tus pasiones, a medida que experimentes realidades transformadoras. Si te abres a lo que Dios quiere enseñarte en Su Palabra, tu vida cambiará para siempre.

Estudia lo que la Biblia enseña sobre el rol de la razón y el intelecto en el cristianismo
Aquí tienes algunos versículos para leer sobre este tema: Isaías 1:18; Romanos 12:2; Proverbios 1-3; Hechos 17:2-3, 18:4.

Anótalo...

... ¡y ponlo en PRÁCTICA!

CAPÍTULO 4

EL LENGUAJE

«Mis pensamientos no se parecen en nada a sus pensamientos —dice el Señor—. Y mis caminos están muy por encima de lo que pudieran imaginarse. Pues así como los cielos están más altos que la tierra, así mis caminos están más altos que sus caminos y mis pensamientos, más altos que sus pensamientos».

—Isaías 55:8-9

Por un momento, piensa en el poder del lenguaje. Piensa en las palabras que usamos: tienen el potencial de transmitir gran significado, pero a veces se usan a la ligera y se las despoja de sentido. La palabra «amor» es un buen ejemplo de lo que quiero decir. Amo los deportes, amo la pizza, amo el clima cálido, pero todo esto es distinto de mi amor por mi esposa y mis hijos. Santiago 3:1-12 habla de la importancia de la lengua. Menciona la frecuente dicotomía de utilizar la misma lengua para bendecir a Dios y maldecir al prójimo. Sin duda, nuestras palabras tienen gran importancia.

Es importante pensar tanto en las ventajas como en las limitaciones del lenguaje. Lo usamos constantemente para comunicar significado y verdad. Estoy sentado frente a la computadora en mi casa mientras escribo estas palabras, y tú las estás leyendo meses (o incluso años) más tarde. Espero estar comunicándome contigo de forma eficaz mediante este proceso, y mi oración es que escuches a Dios en las páginas de este libro. Es parte de la grandeza del lenguaje. Podemos comunicar significado.

Sin embargo, el uso del lenguaje tiene muchas limitaciones. Recuerdo que en las charlas prematrimoniales me pidieron que explicara por qué amaba a mi prometida. No recuerdo exactamente mis palabras, pero estoy seguro de que no reflejaron con fidelidad mi amor por ella. Ahora bien, entiendo que no se trató necesariamente de una debilidad del lenguaje en sí; más bien, fue mi incapacidad de utilizar las palabras con eficacia en ese momento. Pero si nos detenemos a considerarlo, ¿cómo comunicar situaciones, sentimientos y pensamientos profundos y conmovedores? ¿Acaso a veces no nos vemos limitados en nuestra capacidad para comunicarnos? Creo que hubo ocasiones en que los escritores de la Biblia tuvieron dificultad para encontrar las palabras con que expresar las verdades profundas y casi inconcebibles que tenían que comunicar. Si crees que me equivoco, tómate un minuto y explica la Trinidad. Bueno, ahora, explica la esencia eterna de Dios. Siempre existió. Incluso esa frase, «siempre existió», parece quedarse corta para expresar la grandeza de lo que intento transmitir sobre un Dios eterno. Reconozco que la Biblia es la Palabra inspirada de Dios. Él le infundió vida, y determinó sus palabras. De ninguna manera intento poner en entredicho esa idea; simplemente quiero reconocer que nos encontramos con limitaciones a la hora de comunicar ideas con eficacia, en especial en lo que se refiere a un Dios infinito.

Mi desafío para ti es que reconozcas la inmensa bendición que tenemos con el uso del lenguaje, y que también admitas que tiene limitaciones inherentes. Estoy sumamente agradecido porque Dios decidió inspirar Su revelación para nosotros mediante los escritores de la Biblia. Eligió usar a la humanidad limitada para comunicar algo sobre Su ser infinito, y esto no deja de maravillarme.

APLICACIÓN PRÁCTICA:

¿Qué significa esta palabra?

A menudo, me preguntan sobre distintas palabras usadas en la Biblia. En general, si cuesta comprender un término, es porque el lector ve la palabra con un significado un tanto distinto del que tenía cuando se escribió la Biblia hace 2000 años. Lo bueno es que hay herramientas de estudio, sitios de investigación en Internet, etc., que pueden ayudar al lector a obtener el significado correcto de determinadas palabras de la Biblia. Estudiar los capítulos, los párrafos, las oraciones y las palabras de la Escritura puede ser sumamente gratificante.

Da gracias por las palabras

Lo primero que animo a hacer a la persona que tiene inquietudes en cuanto a la Biblia, es a dar gracias porque nos ha llegado en un idioma conocido. El Señor no nos ha dejado sus instrucciones para vivir en un idioma ininteligible, que la humanidad no pudiera comprender, sino que escogió un idioma específico, de un momento concreto de la historia humana para transmitirnos Su verdad. Por ejemplo, el Nuevo Testamento se escribió en griego koiné del siglo I. Era un griego sencillo, que se parecía a la lengua vernácula o común de esa época. Así que si queremos comprender mejor el significado de una palabra de la Biblia, podemos rastrear su significado hasta el vocablo original en griego koiné. Lo importante es que, en medio de todo el debate sobre el significado y los distintos matices de cada término, tendríamos que dar gracias porque podemos hablar del significado de las palabras de la Biblia en lugar de desear que fuera posible comprenderlas.

Considera con cuidado las palabras

Al saber que en la Biblia tenemos en nuestras manos las palabras literales de Dios para la humanidad, deberíamos tomarnos el tiempo de leerlas y procesar sus enseñanzas. No hace falta ser un erudito para comprender los preceptos esenciales de la Escritura. Así que comienza a leer. Si quieres descubrir más sobre Jesucristo, ¿por qué no comienzas leyendo el Evangelio de Juan en el Nuevo Testamento? Si ya eres cristiano y quieres profundizar tu comprensión espiritual sobre la importancia de la unidad entre los creyentes, puedes empezar a leer la carta a los Filipenses. Si te intriga la sociedad y la cultura en que se escribió la Biblia, podrías buscar un recurso que te ayude a profundizar en las costumbres de la época bíblica (ver capítulo «La interpretación» para una discusión sobre recursos útiles para estudiar la Escritura).

《 AL SABER QUE EN LA BIBLIA TENEMOS EN NUESTRAS MANOS LAS PALABRAS LITERALES DE DIOS PARA LA HUMANIDAD, DEBERÍAMOS TOMARNOS EL TIEMPO DE LEERLAS Y PROCESAR SUS ENSEÑANZAS 》.

Comienza hoy

Sin importar dónde te encuentres en tu travesía espiritual, toma hoy tu Biblia y comienza a leerla. Luego, encuentra a un amigo y empiecen a hacerse preguntas sobre algunas de las palabras, las frases y las enseñanzas. Oren y pídanle a Dios que los ayude a comprender mejor el significado de los distintos versículos. La Palabra de Dios está a nuestra disposición, y lo más probable es que ya haya sido traducida a tu propio idioma. Así que aprovecha el tiempo y la oportunidad de escuchar a Dios a través de Su Palabra.

Estudia lo que la Biblia enseña sobre la importancia y el impacto del lenguaje
Aquí tienes otros versículos para leer sobre el tema: Isaías 55:8-9; Santiago 3:1-12; Génesis 11:1-9; Romanos 8:26.

Anótalo…

_____

_____

_____

_____

_____

_____

_____

_____

_____

_____

_____

_____

_____

_____

_____

_____

_____

_____

_____

_____

…¡y ponlo en PRÁCTICA!

_____

_____

_____

CAPÍTULO 5

LA VERDAD

«La palabra *verdad* denota algo que se conforma a la realidad, es fiel
a la norma, o supone sinceridad o integridad. El fundamento
de la verdad es la realidad misma».
—*EVANGELICAL DICTIONARY OF THEOLOGY* [Diccionario evangélico de Teología], 1219

En pie frente a Pilato, a pocas horas de Su crucifixión, le preguntaron a Jesús: «¿Qué es la verdad?» (Juan 18:38). Pero Jesús había respondido a esa pregunta unas horas antes de Su arresto, mientras oraba en el Jardín de Getsemaní. En una parte de su oración en que pedía por Sus discípulos, le dijo al Padre: «Hazlos santos con tu verdad; enséñales tu palabra, la cual es verdad» (Juan 17:17). Jesús apeló a la Palabra de Dios como verdad.

Además, es interesante pensar en las conversaciones que tuvo el Señor tras Su resurrección, en las que habló de la verdad de las Escrituras. En ese momento, las «Escrituras» se referían al Antiguo Testamento. La historia se registra en Lucas 24, y transcurre en un camino junto a dos de Sus discípulos. En Lucas 24:26-27, Jesús declara: «¿Acaso no profetizaron claramente que el Mesías tendría que sufrir todas esas cosas antes de entrar en su gloria? Entonces Jesús los guió por los escritos de Moisés y de todos los profetas, explicándoles lo que las Escrituras decían acerca de él mismo». ¿Te imaginas que el mismo Jesús te guíe por el Antiguo Testamento y te explique el significado de los escritos que se relacionan con Él? ¡Qué maravilloso! Es importante tener en cuenta que en este pasaje, Jesús apela a la verdad de la Escritura.

En la sociedad actual, se habla mucho sobre la verdad, pero a menudo nos cuesta llegar a conclusiones sobre lo que es en realidad. Piensa en todos los temas que se debaten en los medios de comunicación. ¿Existe el calentamiento global? ¿Cuáles son las mejores políticas económicas para una nación? La lista sigue y sigue. Como cada lado tiene supuestos «expertos», algunos pueden llegar a pensar si hay o no una respuesta. Puede hacer que nos preguntemos si existe la verdad.

Sin intentar simplificar demasiado una conversación tan compleja, la Escritura deja en claro que la verdad existe, y por lo visto podemos verla y reconocerla (es lo que Jesús indica con Su enseñanza). Aunque a veces es difícil decidir entre todas las voces que hablan sobre un tema, no deberíamos dejar que nos gane el desaliento al intentar encontrar una respuesta a nuestras preguntas. Tampoco deberíamos volvernos antagónicos o agnósticos respecto a la existencia de la verdad. Jesús afirmó que la Palabra de Dios es verdad, y ese es un excelente punto de partida.

En Juan 14:6, también declaró: «Yo soy el camino, la verdad y la vida; nadie puede ir al Padre si no es por medio de mí». La palabra para «verdad» utilizada en este versículo es *alétheia*, que traducida puede significar «algo asociado con los hechos o la realidad». Las preguntas que debemos hacernos se relacionan con nuestra comprensión de la existencia de la verdad, y con la capacidad humana de entenderla. Jesús cree que la verdad existe, y que nosotros podemos conocerla porque la Palabra de Dios es verdad, y Él es la verdad.

APLICACIÓN PRÁCTICA:

Ya me ha pasado
¿Alguna vez entraste a una habitación extremadamente oscura o estuviste en un lugar donde no había nada de luz? ¿O estuviste alguna vez en un lugar iluminado, pero de repente la luz se apagó y te quedaste allí parado, sin poder ver ni tus propias manos? Yo sí... y fue un momento espeluznante.

¡Qué vista!
Estaba con el grupo de la escuela de mi hija durante un paseo por unas cavernas. Descendimos por el costado de una montaña, a través de un largo túnel por un pasillo de hormigón. Con cada paso que descendíamos, la temperatura bajaba cada vez más. Entonces, noté que el pasillo de hormigón se había terminado, y caminaba sobre la tierra. Me caían gotas frías de agua sobre la cabeza. El pasillo comenzó a estrecharse, haciendo que algunos de los adultos tuviéramos que agacharnos para seguir a la guía turística hacia el centro de la montaña. Por todos lados, veía hermosos goteos cristalinos, coladas redondeadas y enormes formaciones de estalactitas y estalagmitas (¿te impresiona mi conocimiento?... ¡quién dijo que no se podía aprender mucho en una excursión de tercer grado!). El lugar estaba bellamente iluminado, gracias a las luces situadas en lugares estratégicos., que eran lo suficientemente potentes como para iluminar las hermosas formaciones, pero a su vez, lo suficientemente tenues como para no molestar a las decenas de murciélagos que dormían en las paredes de la caverna (bueno, a pesar de los murciélagos, ¡comenzaba a disfrutar del paseo!).

¡¿Qué acaba de decir?!
Recuerdo que la guía turística nos reunió frente a una de estas formaciones y comenzó a informarnos sobre cuánto habíamos profundizado en el interior en la montaña, y nos indicó la temperatura que había en esa parte de la caverna. Después, anunció que iba a hacer algo y que no debíamos asustarnos. «Voy a apagar las luces», declaró.

Los hombres adultos SÍ lloran

De inmediato, mi corazón comenzó a latir a toda velocidad, y cuando la guía comenzó a acercarse al interruptor me puse en mi modo de «proveedor/protector» de mi hija. Rápidamente la atraje hacia mí, me incliné y comencé a susurrarle instrucciones al oído; no le di tiempo a hacer preguntas, debatir ni deliberar. «¡Debes permanecer inmóvil!». «Toca mi mano todo el tiempo... no te sueltes». «No importa lo que diga nadie, no te apartes de mi lado». Entonces, la tomé con más fuerza del hombro, probablemente hasta que le resultó algo incómodo, y en ese momento... CLIC: oscuridad absoluta.

Me incliné hacia donde había visto el rostro de mi hija por última vez. «¿Estás ahí?», pregunté. «Sí, papi», me respondió. «¿Estás bien?», sondeé. «¡Sí!». Una vez que confirmé que estaba bien y que no se había movido, comenzamos a hablar en la oscuridad de lo increíble que era esta experiencia. «¡Vaya, qué oscuro está!», repetíamos. Nuestras voces reflejaban una sonrisa y el disfrute del momento. Segundos más tarde, las luces se encendieron y todos reflexionamos sobre esos maravillosos momentos.

La verdad es tu punto de referencia

De la misma manera, la verdad es ese ancla, ese «punto de referencia» al que todos deberíamos aferrarnos para mantener nuestra posición en la vida. Y cuando muchos nos inciten a alejarnos de la verdad, tenemos que permanecer adheridos a ella para poder tomar las decisiones de cada día.

《 DE LA MISMA MANERA, LA VERDAD ES ESE ANCLA, ESE «PUNTO DE REFERENCIA» AL QUE TODOS DEBERÍAMOS AFERRARNOS PARA MANTENER NUESTRA POSICIÓN EN LA VIDA 》.

La verdad se encuentra en una persona

Afortunadamente, la verdad no está en una teoría o un concepto, ya que estos cambian con el tiempo. Según la Biblia, la verdad se encuentra en una persona: Jesucristo. Él les recordó a Sus discípulos: «Yo [Jesús] soy el camino, la verdad y la vida; nadie puede ir al Padre si no es por medio de mí» (Juan 14:6). Y al conocerlo personalmente (ver capítulo «La salvación»), experimentarás la verdadera libertad. «Y conocerán la verdad, y la verdad los hará libres» (Juan 8:32).

¿Has abrazado la verdad?

Si crees en Jesucristo, puedes aferrarte a Él y saber que te no te dejará ir (Juan 10:27-30). Sigue sometiéndote a Su autoridad, Sus instrucciones y Su guía, sabiendo que siempre quiere lo mejor para ti (Fil. 4:6-7). Si todavía no has puesto tu fe en Jesucristo como Salvador, toma un momento para considerar cuál es tu punto de referencia en la

PRAXIS

vida. ¿Son acaso tus propias percepciones y sentimientos? ¿Depende tu seguridad de la confianza de otra persona en su propia visión de la vida? ¿Alguna vez consideraste la problemática de la verdad? Dedica un tiempo a leer y considerar las verdades bíblicas resaltadas en este libro, y espero que llegues a una conclusión más firme sobre Jesucristo y tu necesidad de Él.

Estudia lo que la Biblia afirma sobre la verdad
Aquí tienes algunos versículos más para leer sobre el tema: Juan 1:14, 14:6, 17:17, 18:38; Salmos 119:142,160; 1 Juan 5:6; 1 Timoteo 2:7.

Anótalo...

...¡y ponlo en PRÁCTICA!

Anótalo...

SECCIÓN 2:

LA BIBLIA

CAPÍTULO 6

LA REVELACIÓN

«Como los humanos son finitos y Dios es infinito, solo es posible conocer a Dios mediante Su propia manifestación. Hay dos clasificaciones esenciales de la revelación. La revelación general es la comunicación de la persona de Dios para todos, en todo momento y todo lugar. La revelación especial supone las comunicaciones y manifestaciones particulares de Dios a personas determinadas y en momentos específicos; comunicaciones y manifestaciones disponibles solamente al consultar ciertos escritos sagrados».

—MILLARD ERICKSON, *Christian Theology* [Teología cristiana], 178

La Biblia es un libro sobre la interacción de Dios con Su creación. El primer versículo de la Escritura no solo comienza con la presuposición de la existencia de Dios (Gén. 1:1a, «En el principio, Dios...»), sino también con Su obra creativa (Gén. 1:1b, «... creó los cielos y la tierra»). La Biblia indica que Dios ha revelado ciertas cosas sobre Su persona, pero no lo ha revelado todo (Deut. 29:29). Además, la revelación divina fue progresiva a lo largo de la Biblia. Después de la caída de la humanidad en Génesis 3, con el paso de las generaciones Dios fue revelando cada vez más sobre sí mismo. La manifestación suprema de esta revelación se conoció en la persona de Jesucristo, quien es Dios. Así que la mejor imagen de Su persona es Dios mismo hecho carne, caminando entre nosotros. Eso se conoce como la encarnación (Juan 1:14 afirma: «Entonces la Palabra se hizo hombre y vino a vivir entre nosotros»).

Los diferentes tipos de revelación divina pueden resumirse en dos categorías principales: la revelación general y la revelación especial. El Salmo 19 nos presenta una excelente imagen de ambas. En los versículos 1-6 el salmista describe el esplendor de Dios evidenciado en Su creación, lo que se corresponde con la revelación general de Dios. Los versículos 7-11 reflexionan sobre la revelación especial al apreciar la importancia que tiene la Palabra de Dios para nosotros.

Es importante tener en mente tres cosas sobre la revelación divina:

La revelación general de Dios está a disposición de todos. El apóstol Pablo menciona la universalidad de esta revelación en Romanos 1, donde Pablo afirma que incluso los que están lejos de Dios no tienen excusa, ya que Su poder se ve claramente en Sus obras (v. 20).

La revelación general no es suficiente para llevar a la salvación. La salvación en sí es obra de Dios, y según Juan 14:6 y Hechos 4:12, solo se obtiene mediante Jesús. Pablo también se hace eco de esta idea en Romanos 10, donde el apóstol menciona que confesar a Jesucristo como Señor y creer en Su resurrección es necesario para ser salvo. Pablo no argumenta que las obras lleven a la salvación (como si fuera posible ganársela), sino que presenta la idea de que es necesario conocer estas cuestiones para poder ser salvo.

Dios tomó la iniciativa de revelarse a nosotros. Nosotros no descubrimos a Dios, como si hubiera estado escondido. Es importante recordarlo, porque a veces presentamos a Dios como si se estuviera escondiendo. En realidad, Él anhela relacionarse con nosotros, y nos ha revelado mucho sobre Su persona. Incluso en el Jardín del Edén, apenas Adán y Eva pecaron y desobedecieron a Dios, fue Él quien salió a buscarlos. Ellos no acudieron a Él después de pecar; sino que se escondieron de Dios.

APLICACIÓN PRÁCTICA:

¡No puede ser!
¿Alguna vez conociste a alguien que afirmara conocer a uno de los actores más populares de Hollywood (y uno de tus favoritos)? Te entiendo. Se te cae la mandíbula. Te quedas mirando fijo a la persona. Entonces, con la voz una octava por encima de tu tono normal, exclamas: «¡No lo puedo creer! ¡No lo dices en serio! ¿Lo conoces? ¿Cómo es que lo conoces?». «Claro», contesta tu amigo. «Somos amigos. ¡Sé mucho sobre él! Le gusta comer en restaurantes los domingos, conduce un auto negro, y a sus amigos más cercanos los llama "compas". No tiene problema de detenerse a conversar contigo, tiene una gran sonrisa y un excelente sentido del humor».

¡Vaya! ¡Sin duda mi amigo debe conocer a este actor! Y en un milisegundo, comienzas a soñar en maneras de aprovechar esta novedad. «¡Tal vez mi amigo pueda ponernos en contacto, y así podría conseguir su autógrafo! ¡¡Quizás pueda sacarme algunas fotos con él si mi amigo me ayuda!! ¡¡¡Podría llevarnos a todos a almorzar en algún café de Hollywood!!! ¡¡¡Quizás los *paparazzis* nos vean y nos saquen una foto a los tres, y después aparezcamos en la portada de una revista famosa!!! Tal vez le guste... nos enamoremos... ¡¡¡y nos casemos!!!».

Entonces, todos tus sueños de grandeza se derrumban y se desinfla tu entusiasmo cuando tu amigo te explica como «conoce» a este actor famoso. «Le di la mano cuando salía de su limosina para entrar a un restaurante... Y él se detuvo y me escuchó decirle que era su mayor admirador. Me agradeció personalmente por mi apoyo y me dijo que le gustaría que todos sus admiradores fueran tan leales. Entonces, me dio una palmadita en la espalda, me dijo "gracias, compa", sí, me llamó su "compa", y mientras se alejaba, tuvo el detalle de decirme "cuídate". ¿Viste? ¡Se interesó tanto por mí que me dijo que me cuidara! Sí, lo conozco bien».

Hay una diferencia

Después de refrenar tu enojo y tu deseo de sacudir a tu amigo por haber permitido que te hagas ilusiones, rápidamente te das cuenta, por lo que ha dicho, de que no conoce al actor. Llegas a la conclusión de que simplemente se lo encontró, pero no tiene una relación personal con él. Es más, no importa cuántas veces encuentre al actor esperando una mesa o en la entrada de un restaurante al aire libre, tu amigo jamás cultivará una relación íntima con este famoso. En el mejor de los casos, se convertirá en un experto en recitar hechos básicos que, francamente, cualquiera podría observar si pasara algo de tiempo esperando fuera de un par de restaurantes.

Ama lo general, abraza lo especial

Aunque la «revelación general» no puede llevar a un cambio eterno del alma, ningún creyente en Jesucristo debería ignorar su belleza. Ésta proporciona excelentes oportunidades para admirar el poder y la majestad increíbles de Dios (por ejemplo, las montañas, los paisajes, la atmósfera, el universo, etc.). Incluso el salmista instruye a todos los creyentes a adorar la creación majestuosa de Dios, que proporciona este testimonio general de la grandeza divina. El Salmo 19:1-4 afirma: «Los cielos proclaman la gloria de Dios y el firmamento despliega la destreza de sus manos. Día tras día no cesan de hablar; noche tras noche lo dan a conocer. Hablan sin sonidos ni palabras; su voz jamás se oye. Sin embargo, su mensaje se ha difundido por toda la tierra y sus palabras, por todo el mundo».

《 SABER DISTINGUIR ENTRE LAS DOS CLASES DE REVELACIÓN DETERMINARÁ LA DIFERENCIA ENTRE CONOCER SOBRE DIOS Y CONOCERLO PERSONALMENTE 》 .

A diferencia de la revelación general, que solo puede dar a alguien un conocimiento básico de las obras y el poder de Dios, la revelación especial es lo que puede cambiar de verdad al ser humano. Tenemos que conocer la Palabra de Dios más y más cada día. El profeta Jeremías nos alentó a devorar la Palabra de Dios: «Cuando descubrí tus palabras las devoré; son mi gozo y la delicia de mi corazón...» (Jer. 15:16a).

El salmista también enfatizó que esta revelación especial es la que puede proporcionar guía específica para la vida: «He guardado tu palabra en mi corazón, para no pecar contra ti» (Sal. 119:11). Saber distinguir entre las dos clases de revelación determinará la diferencia entre conocer sobre Dios y conocerlo personalmente.

Estudia algunos versículos bíblicos relacionados con la revelación general y especial

Aquí tienes algunos pasajes para leer sobre el tema: Salmos 19; Romanos 1:18-21; Hechos 14:15-17, 17:23-28; Salmos 119:105.

Anótalo...

...¡y ponlo en PRÁCTICA!

Anótalo...

CAPÍTULO 7

LA INSPIRACIÓN Y LA INERRANCIA

«Afirmamos que la inspiración fue el proceso mediante el cual Dios, por Su Espíritu y a través de escritores humanos, nos dio Su Palabra. El origen de la Escritura es divino. El método de la inspiración divina es en gran medida un gran misterio [...] Negamos que la inspiración sea el resultado de la percepción humana, o de estados elevados de conciencia de cualquier tipo».

—Artículo VII, Declaración de Chicago sobre la inerrancia bíblica

Según 2 Timoteo 3:16, la Biblia es inspirada por Dios. El término griego es *theopneustos*, y significa «divinamente soplado». Esto es sumamente importante, porque implica que las palabras de la Biblia no son humanas, sino las palabras mismas de Dios.

Con inerrancia nos referimos a que la Biblia no contiene ningún error. En un sentido sumamente real, la doctrina de la inerrancia apela al carácter mismo de Dios. Como el Señor es absolutamente santo en esencia (Isa. 6:3), Sus palabras también tienen que ser santas. Además, Dios es, por naturaleza, omnisciente, lo cual significa que lo sabe todo y no se equivoca. Gracias a Su naturaleza, podemos confiar en la veracidad de Sus palabras para nosotros. Hay algunas consideraciones nos ayudarán a la hora de meditar en los temas de la inspiración y la inerrancia.

En primer lugar, hay que entender que la personalidad del autor humano se incorporó a las páginas de la Escritura. Dios no se limitó a dictar las palabras de la Biblia a los escritores humanos, sino que usó los dones y las capacidades de cada uno. Esto puede verse en los distintos libros, incluso en su terminología. En el contexto del siglo I Pablo era un hombre sumamente culto, y sus escritos reflejan su nivel de educación.

En segundo lugar, la inspiración y la inerrancia de la Biblia apuntan a su autoridad. Si es verdad que Dios es la autoridad, esto significa que yo no lo soy, y tú tampoco. Esto supone que tenemos que dar cuenta a Alguien además de a nosotros mismos. Para muchos, esta comprensión viene junto con una gran convicción de pecado, porque han vivido como si fuesen independientes de Dios. Para otros, la idea de nuestra responsabilidad ante Dios produce suma tranquilidad. Pueden descansar en la seguridad de la provisión divina y dejar de lado la carga de todos los problemas del mundo que llevaban a cuestas.

Por último, la inspiración y la inerrancia se aplican a los manuscritos originales. Nuestras traducciones modernas son Palabra de Dios siempre que reflejen con exactitud los textos originales, que fueron producidos por inspiración divina. Sin entrar en demasiado detalle sobre estas afirmaciones, es importante recordar que la Biblia no depende de nuestra aprobación ni entendimiento. Más bien, la Palabra de Dios es la Palabra de Dios y punto. Te guste o no, la Biblia es la Palabra de Dios, y nosotros tenemos que reconocer esta verdad. Tenemos que vivir a la luz de las enseñanzas que Dios ofrece en las páginas de la Biblia. Los escritores bíblicos no hablaban por iniciativa propia. Como afirma 2 Pedro 1:21, «... fue el Espíritu Santo quien impulsó a los profetas...». Creo que Dios ha preservado Su Palabra y se ha asegurado de que se transmita de forma confiable de generación en generación.

APLICACIÓN PRÁCTICA:

Una relación de amor y odio
Según mi experiencia en el ministerio, la educación superior y los contextos domésticos, la «autoridad» parece ser un concepto que las personas aman o bien detestan, u oscilan entre los dos sentimientos según las circunstancias. En muchos contextos, algunos prefieren culpar o deferir a la autoridad cuando se toma una decisión poco agradable o impopular. Pero las mismas personas cambian de parecer y aprecian la cobertura de protección que proporciona el liderazgo a los empleados, los miembros de la familia y los feligreses. Al parecer, se aprecia la autoridad cuando nos ayuda a lograr lo que queremos, pero cuando dicta lo que podemos y no podemos hacer es un estorbo para nuestros objetivos. Entonces, ¿cuál es la actitud adecuada frente a la autoridad?

Todo se reduce a la confianza
Aceptamos de buena gana la autoridad cuando confiamos plenamente en el líder. Si la confianza se ha demostrado y probado, las personas querrán aceptar la autoridad. Y una vez que el líder se gana la confianza de alguien, puede ofrecer guía, pautas y órdenes que serán aceptadas con prontitud. La lealtad está prácticamente asegurada. Si no hay confianza, las personas no recibirán las directivas con corazones leales. En el mejor de los casos, el líder conseguirá «acatamiento» pero no lealtad. Sin embargo, los subordinados intentarán eludir la orden, ignorar la instrucción, y restarle importancia a la urgencia que el líder enfatizó. Todo se reduce a la confianza probada.

Confía en Dios, confía en Su Palabra
La Biblia es la «Palabra» de Dios, entregada a cada ser humano. Está llena de imágenes de Su maravillosa creación, Su amor incondicional, Su invitación para que todos reciban Su gracia y perdón de pecados (ver capítulo «La salvación»), y Su plan supremo para todos los seres humanos que vivan sobre la Tierra. Proporciona dirección general y específica para nuestras vidas, para que no experimentemos un terrible daño espiritual

al tomar malas decisiones (ver capítulo «El canon»). Es la única fuente suficiente de verdad que Dios nos ha dado para guiarnos en la vida.

Una observación desafortunada

Lo siguiente debería leerse de la misma manera en que nos gustaría que sea recibido: del modo más sincero y respetuoso posible, como una forma de tratar una parte de la problemática de la autoridad que no se aborda a menudo en los escritos bíblicos. He descubierto que sin importar el concepto que una persona tenga de la Biblia, «un montón de instrucciones y prohibiciones»; «una excelente guía para la vida»; «algo innecesario para vivir de manera "aceptable"»; «un libro a veces falible»; etc., hay un común denominador: el orgullo le impide al alma aceptar la autoridad de Dios. No es mi intención ofender a nadie, pero es cada vez más fácil observar esto en la vida de las personas, incluso al interactuar con los que buscan la religión y la verdad con sinceridad. Cada charla que hemos tenido respecto a Dios y la verdad, al final se ha reducido a que alguien no aceptaba la autoridad divina en su vida. Incluso en el caso de personas sumamente respetuosas, todo surge de una raíz de orgullo (es decir, de no querer que la autoridad de Dios esté por encima de la propia). Este orgullo puede venir en forma de una actitud violenta y agresiva contra Dios, o esconderse bajo un razonamiento calmo y reflexivo, pero la raíz es la misma. Así que, aunque valoramos todas las oportunidades para hablar sobre la verdad espiritual con cada persona (¡en serio!), incluso en la conversación más respetuosa, siempre surge la cuestión de quién tiene finalmente autoridad sobre la vida de las personas.

« SIEMPRE HAY UN COMÚN DENOMINADOR: EL ORGULLO LE IMPIDE AL ALMA ACEPTAR LA AUTORIDAD DE DIOS ».

¿Estás buscando?

Sin duda, algunos dirán: «De ninguna manera quiero faltarle el respeto a Dios ni a la Biblia, ¡por favor! Solo estoy tomándome mi tiempo para decidir si Dios y la Biblia son confiables». Y comprendo bien este razonamiento. Son personas respetables, sinceras y para nada hostiles, solo buscan la verdad. Estas conversaciones suelen ser constructivas y agradables, y aprecio en gran manera esta actitud. Pero en última instancia, cada uno tiene que determinar si va a permitir que su corazón se someta a la autoridad de Dios a tal punto de afirmar: «Me rendiré a ti en todas las áreas de mi vida». Esperamos que este momento llegue rápido a la vida de las personas, por la siguiente realidad aleccionadora: «¿Cómo saben qué será de su vida el día de mañana? La vida de ustedes es como la neblina del amanecer: aparece un rato y luego se esfuma» (Sant. 4:14). Y por desgracia, según mi experiencia, si el que busca se toma demasiado tiempo para «investigar», su corazón termina inclinándose a una filosofía de vida hecha a su medida, en lugar de sentirse apremiado a someterse a la autoridad de Dios (comp.

«Adviértanse unos a otros todos los días mientras dure ese "hoy", para que ninguno sea engañado por el pecado y se endurezca contra Dios», Heb. 3:13).

Háblalo

Toma tiempo para hablar con algún creyente en Jesucristo sobre la cuestión de la «autoridad». Pídele que sea sincero y que te acompañe en tu travesía espiritual. Si en tu mente ya resolviste la cuestión de la autoridad y te sometiste a Dios mediante Su Palabra, entonces busca un compañero con quien compartir tus experiencias, tus preguntas y tu decisión final de aceptar la autoridad de Cristo sobre tu vida. Sin importar de qué lado de la ecuación estés, abrir el corazón ayuda a «afilarnos» unos a otros espiritualmente: «Como el hierro se afila con hierro, así un amigo se afila con su amigo» (Prov. 27:17).

Estudia lo que afirma la Biblia sobre la inspiración y la inerrancia

Aquí tienes algunos otros versículos para leer sobre el tema: 2 Timoteo 3:16; 2 Pedro 1:20-21; Hechos 1:16; Hebreos 3:7.

Anótalo...

... ¡y ponlo en PRÁCTICA!

Anótalo...

CAPÍTULO 8

LA INTERPRETACIÓN

«**Hermenéutica:** La disciplina que estudia las premisas y las teorías sobre cómo se debería interpretar un texto; particularmente escritos sagrados como la Escritura. La hermenéutica también se dedica a entender los roles y relaciones singulares entre el autor, el texto y los lectores originales o subsecuentes».

—*Pocket Dictionary of Theological Terms*
[Diccionario de bolsillo de términos teológicos], 59

Todavía recuerdo las palabras de mi profesor de Antiguo Testamento en la universidad: «La Biblia no puede decir lo que nunca tuvo la intención de decir». El individuo que estudia la Biblia carga con la responsabilidad grande e intimidante de asegurarse de realizar los pasos necesarios para comprender con exactitud lo que Dios revela sobre sí mismo en las páginas del texto. Incluso en Su ministerio sobre la Tierra, Jesús reconoció que necesitaba estudiar e interpretar la Escritura de Su época. Juan 5:39 afirma: «Ustedes estudian las Escrituras a fondo porque piensan que ellas les dan vida eterna. ¡Pero las Escrituras me señalan a mí!». Jesús desafiaba a Su audiencia a reconocerlo en todo el Antiguo Testamento.

Es importante tomar en serio la interpretación de la Palabra de Dios. Demasiado a menudo, intentamos que la Biblia diga algo que el autor original jamás quiso afirmar, o que la audiencia inicial no interpretó de esa manera. Muchas veces, no lo hacemos a propósito sino que se debe a una inocente malinterpretación del contexto original del pasaje escritural, y es un reflejo de que hemos procesado lo leído a través de nuestra propia experiencia. Hay todo un campo de estudio dedicado a la correcta interpretación de la Biblia, conocido como hermenéutica.

Los tres pasos básicos para comprender la Biblia son (1) observación, (2) interpretación y (3) aplicación. Al seguirlos, los que la estudian pueden estar más seguros de comprenderla.

El primer paso es la **observación**. Creo que todos hemos cometido el error de leer un versículo de la Escritura y preguntar de inmediato: «¿Cómo se aplica a mi vida?», o: «¿Qué significa este versículo para mí?». El problema con este método es que puede llevarnos a una conclusión equivocada sobre un pasaje bíblico. Es fácil concluir que la Biblia dice algo cuando en realidad Dios nunca quiso comunicar eso. Una mejor práctica es comenzar con una sencilla observación de lo que se afirma en el texto mismo

PRAXIS

mediante una comprensión básica del contexto histórico del pasaje. Por ejemplo, sería importante saber que el apóstol Pablo era sumamente ilustrado y capacitado en cuestiones legales de la sociedad judía. Muchos de sus escritos se parecen al informe de un tribunal, lo cual refleja su formación y su capacidad. La información sobre Pablo puede ayudarte a interpretar sus escritos.

El segundo paso en el proceso para comprender la Palabra de Dios es la **interpretación.** Es en este momento cuando buscamos comprender exactamente lo que se comunica sobre Dios en el pasaje. En una de sus cartas, Pablo alienta a Timoteo: «Esfuérzate para poder presentarte delante de Dios y recibir su aprobación. Sé un buen obrero, alguien que no tiene de qué avergonzarse y que explica correctamente la palabra de verdad» (2 Tim. 2:15). En griego, «explica correctamente» es la palabra *orthotomeō*, que significa «manejar bien» o «hacer un corte derecho». Pablo desea que Timoteo maneje de forma precisa y adecuada la Palabra de Dios.

Por último, la interpretación del pasaje debería relacionarse personalmente con tu vida. El tercer paso para comprender la Biblia es el proceso de **aplicación.** Muchas veces, he descubierto que cuando me dedico tiempo adicional para investigar sobre un pasaje en particular, el significado y la aplicación del material tienen un impacto mucho mayor que si solo intento saltar a la aplicación del texto. La Biblia es, en última instancia, un libro sobre Dios, pero también nos comunica muchas cosas sobre nosotros. Tiene una excelente aplicación para la vida cotidiana, pero es importante que la estudiemos con diligencia, para así edificar nuestras vidas sobre el fundamento de la Palabra de Dios.

APLICACIÓN PRÁCTICA:

Un hermoso regalo
Dios entregó Su santa Palabra a la humanidad en idiomas conocidos de esa época y de esa cultura en particular. Esto supone un gran beneficio para todo el que desee estudiar el mensaje que Dios nos ha dado. Al entregarnos la Palabra en estas condiciones, tenemos la posibilidad de estudiarla con inteligencia. El estudio de la historia nos brinda información sobre las sociedades, las prácticas culturales, las expresiones idiomáticas, los orígenes de las palabras, las costumbres sociales y los idiomas concretos de las sociedades donde se escribió la santa Palabra de Dios (es decir, el Nuevo Testamento se escribió en griego koiné, y el Antiguo Testamento en hebreo y arameo). Dios puso al alcance de seres humanos finitos una tarea que de otro modo habría sido imposible: estudiar Su palabra en idiomas conocidos.

« DIOS PUSO AL ALCANCE DE SERES HUMANOS FINITOS UNA TAREA QUE DE OTRO MODO HABRÍA SIDO IMPOSIBLE: ESTUDIAR SU PALABRA EN IDIOMAS CONOCIDOS ».

No necesitas un doctorado

Gracias a Dios, no hace falta ser un experto lingüista para conocer el significado de los mensajes transformadores de Dios para ti. La Biblia es sumamente clara en sus enseñanzas esenciales. Puedes experimentar la salvación personal (ver capítulo «La salvación»), madurar espiritualmente como creyente en Jesucristo y experimentar intimidad con Dios al leer la Biblia... en tu propio idioma... aunque que no tengas a mano ninguna herramienta de estudio o de referencia. Esto tendría que ser alentador para los que no están interesados en un estudio de nivel universitario, y una investigación histórica y cultural profunda. Pero para los que desean realizar un estudio más detallado de la Biblia, su esfuerzo no será en vano.

Ponte en sus sandalias

Al interpretar las palabras de la Biblia, siempre es sabio concentrarse en determinar cómo interpretaba la enseñanza la audiencia de la época. Si no lo haces, caerás en la trampa común de conectar una aplicación para el siglo xxi con una frase o incidente del siglo i. Esto crea una situación que jamás podría haber sucedido. Por ejemplo, ¿qué piensas cuando lees estas palabras de Jesús: «El Padre y yo somos uno»? ¿Quiere decir que el Padre y Jesús son simplemente uno en propósito, unificados en Su mensaje, o acaso Jesús afirma ser Dios? La mejor manera de interpretar esa frase es preguntar: «¿Cómo interpretó la audiencia de la época estas palabras?». Respuesta: entendieron que Jesús afirmaba ser Dios. ¿Cómo lo sabemos? Juan 10:31-33 nos ayuda a nosotros (los lectores del siglo xxi) a interpretar esta afirmación: «Una vez más, las personas tomaron piedras para matarlo. Jesús dijo: —Bajo la dirección de mi Padre, he realizado muchas buenas acciones. ¿Por cuál de todas ellas me van a apedrear? —No te apedreamos por ninguna buena acción, ¡sino por blasfemia! —contestaron—. Tú, un hombre común y corriente, afirmas ser Dios».

No obstante, a veces no hay una solución interpretativa tan clara. En estos casos, puedes comenzar analizando los elementos culturales de la época. Esto suele aportar claridad al texto en cuestión. Además, puedes consultar todos los pasajes clarísimos de la Biblia que tratan el mismo tema que intentas interpretar. En Internet, hay concordancias bíblicas que enumeran los versículos por tema, así que esta herramienta de búsqueda es fácil de conseguir. Cuando comparas diversos pasajes que hablan del mismo tema, el resultado es una interpretación más exacta del versículo en particular. Más abajo, enumeramos otras herramientas de estudio bíblico.

No es una tarea imposible

Existen buenas herramientas de referencia para ayudar a todo estudiante de la Biblia a comprender mejor el contexto y la cultura de la Palabra. No tenemos espacio en este capítulo para enumerar todos los recursos útiles para un estudio más profundo del trasfondo cultural de los escritos bíblicos, pero mis buenos amigos de Broadman &

Holman Publishing Group tienen numerosos comentarios bíblicos, libros sobre la cultura, las costumbres y el contexto histórico de la época, y estudios sobre el Antiguo y el Nuevo Testamento. En última instancia, el Espíritu Santo guiará al creyente en Jesucristo en el estudio de la Santa Biblia. Y en los casos en que el significado no quede claro, Él te enseñará cómo mantener un testimonio que honre a Dios, cuando debatas con amabilidad con otros sobre la Biblia. El «... Espíritu Santo—, él les enseñará todo y les recordará cada cosa que les he dicho» (Juan 14:26b). «Cuando venga el Espíritu de verdad, él los guiará a toda la verdad...» (Juan 16:13a).

Estudia lo que la Biblia afirma sobre la importancia de interpretar con precisión la Biblia

Aquí tienes otros versículos para leer sobre el tema: 2 Timoteo 2:15; Lucas 24:25-27; Hechos 17:11; Marcos 12:24.

Anótalo...

...¡y ponlo en PRÁCTICA!

Anótalo...

CAPÍTULO 9

LA ILUMINACIÓN

«En lo que respecta a la Biblia, la doctrina de la revelación tiene que ver con la manifestación de la verdad del material escritural; la inspiración se refiere al método mediante el cual el Espíritu Santo supervisó la redacción de la Escritura; y la iluminación apunta al ministerio del Espíritu, por el cual el significado de la Palabra se hace claro para el creyente».

—*EVANGELICAL DICTIONARY OF THEOLOGY* [Diccionario evangélico de Teología], 590-591

Juan 14 habla del ministerio del Espíritu Santo, como un «abogado» o «defensor» (vv. 16,26). Como parte de esta ayuda, la Palabra de Dios afirma que el Espíritu «les enseñará todo y les recordará cada cosa que les he dicho» (v. 26). A este ministerio del Espíritu, por el que arroja luz sobre el mensaje bíblico para ayudar al creyente, se refieren las enseñanzas sobre el ministerio de la iluminación.

Una parte de este ministerio consiste en la acción del Espíritu Santo de quitar el velo de ceguera espiritual que caracteriza al no creyente (2 Cor. 4:4). Al retirar dicho velo, el Espíritu Santo hace posible que la verdad de la Palabra de Dios le hable a la persona. En un sentido positivo, el Espíritu arroja luz sobre la Palabra inspirada de Dios.

El ministerio de iluminación del Espíritu nos ayuda a descubrir la interpretación correcta de la Biblia en nuestro estudio diario de la Palabra. El Espíritu Santo siempre está a nuestro lado para revelarnos la verdad de la Escritura. Un buen ejemplo de esta obra del Espíritu (así como del estudio diligente que debe caracterizar al cristiano) se registra en Hechos 17:10-15, donde vemos la interacción de Pablo con los creyentes de Berea. Mientras el apóstol les enseñaba, estos creyentes «día tras día examinaban las Escrituras para ver si Pablo y Silas enseñaban la verdad» (v. 11). Este es un excelente ejemplo de una comunidad de cristianos que toma la iniciativa de estudiar la Palabra de Dios, en lugar de dar por sentada la ayuda del Espíritu en sus vidas. El estudio personal y la obra del Espíritu Santo cooperan para lograr la interpretación correcta.

Además, ten en mente que la obra del Espíritu al iluminar las Escrituras es un proceso permanente. Es necesario leer un pasaje bíblico más de una vez para poder comprender plenamente su significado. La idea de la naturaleza progresiva de la revelación de Dios a lo largo de la historia de Su trato con la humanidad es sumamente significativa, como también lo son las etapas individuales que vamos atravesando al acercarnos a Jesús.

Mediante la obra del Espíritu Santo, podemos prepararnos mejor para servir a Jesús, pero no deberíamos esperar saberlo todo sobre Él la primera vez que escuchamos leer un pasaje de la Escritura.

APLICACIÓN PRÁCTICA:

¿Pueden encender la luz?

Hace poco, llevé a un buen amigo a conocer una casa embrujada. Y aunque lo considero una persona fuerte y segura de sí misma, algo sucedió cuando entró en ese lugar. Este hombre fuerte y profesional competente se estremeció como un niño asustado. (A propósito, si alguna vez quieres averiguar quién de tus amigos cercanos te ayudaría con valentía en medio de circunstancias horrendas, ¡llévalos a visitar una casa embrujada! Allí se verá quién sería tu protector valiente y quién se acobardaría incluso frente a la situación menos intimidante).

Cuando habíamos llegado a la mitad del paseo y aún estábamos en medio de una inmensa mansión, entramos al conocido laberinto de paredes angostas y pintadas de negro que nos obligó a transitar en medio de completa oscuridad. De inmediato, alargué la mano para tomar la sudadera de mi amigo, que iba delante de mí, para seguirlo por el laberinto. Me sorprendió lo bien que se manejaba allí. Entonces, de repente, escuché un ruido sordo: se había estrellado contra una de las paredes del laberinto. Se detuvo por completo, y todos los que venían detrás de nosotros fueron chocándose y me golpearon en la espalda. Como era de esperar, el lugar quedó abarrotado y nos asustamos un poco al no saber adónde estábamos, para dónde deberíamos ir y quién estaba en frente o detrás de nosotros.

La gente comenzó a gritar: «¡Oigan!», «¿Qué pasa ahí?», «¡Que alguien encienda la luz!». Al escuchar esto, mi amigo se metió la mano en el bolsillo, tomó su teléfono celular y encendió la luz más brillante que podía generar el aparato. Entonces, siguió adelante. Su hijo lo miró y le dijo: «¡Papá, apaga la luz! ¡No está bien! ¡Eso no se hace!». «Pero así puedo ver, y es una ayuda», le respondió. De inmediato, pensé: «Bueno, no me gusta admitirlo, pero a mí también me gusta la luz del celular. ¡Ahora puedo ver lo que va a saltarme encima!». Mientras permanecimos en la casa embrujada, ni siquiera intenté pedirle que guardara su teléfono.

No te quedarás a oscuras

Jesús les dijo a Sus amigos más cercanos que después de morir, resucitar físicamente y ascender de regreso al cielo, se aseguraría de enviarles un guía de igual poder que les recordaría Sus enseñanzas. Y este guía también los ayudaría a aplicar las verdades bíblicas a cada situación en particular de sus vidas. Jesús se refería a Dios el Espíritu Santo. Juan 14:26-27 describe este diálogo entre Jesús y Sus amigos: «Sin embargo, cuando el Padre envíe al Abogado Defensor como mi representante —es decir, al Espíritu Santo—, él les enseñará todo y les recordará cada cosa que les he dicho. Les dejo un regalo: paz en la mente y en el corazón. Y la paz que yo doy es un regalo que el mundo no puede dar. Así que no se angustien ni tengan miedo».

Escucha al portador de la luz

El Espíritu Santo es la guía que ayuda a todos los creyentes a encontrar claridad y dirección en sus vidas. Nos asiste para que comprendamos el significado de la Escritura, nos convence de pecado cuando estamos fuera de la voluntad de Dios para nuestra vida, y produce una comunión estrecha entre los creyentes. Así como coloqué la mano sobre el hombro de mi amigo mientras caminábamos en medio de la oscuridad, todos nosotros tenemos que esforzarnos por permanecer bien cerca del Espíritu Santo mientras leemos la Palabra de Dios y oramos. Cuando traiga convicción de pecado, confiesa rápido tu error y desobediencia, para no contristar al Espíritu en Su intento de guiarte. La desobediencia tiene la capacidad de acallar el mensaje del Espíritu Santo para tu corazón.

« EL ESPÍRITU SANTO ES LA GUÍA QUE AYUDA A TODOS LOS CREYENTES A ENCONTRAR CLARIDAD Y DIRECCIÓN EN SUS VIDAS ».

Un paso a la vez

Aunque el Espíritu Santo nos brinda guía espiritual, no tenemos que frustrarnos cuando Dios proporciona apenas luz suficiente como para franquear un giro a la vez en el oscuro laberinto de la vida. No esperes ni supongas que Dios iluminará todo el camino en un momento. Lo que sí promete es proporcionarnos la luz suficiente como para que permanezcamos en el camino correcto. Intenta no correr delante de Él... y tampoco te quedes rezagado. Síguelo de cerca y confía en Su paso y en el camino por donde te conduce.

Estudia otros versículos bíblicos relacionados con la luz que proporciona el Espíritu Santo

Aquí tienes otros pasajes para leer sobre el tema: Juan 14; 1 Corintios 2:12; Lucas 24:27,44-48.

Anótalo...

...¡y ponlo en PRÁCTICA!

CAPÍTULO 10

EL CANON

«La palabra "canon" (que traducido del griego significa «una regla») se aplica a la Biblia de dos modos: primero, respecto a la Biblia como la medida de fe y práctica de la iglesia, y segundo, respecto a su contenido, como el compendio y listado correcto de libros inspirados».

—Biblia de estudio ESV, «*The Canon of Scripture*» [El canon de la Escritura], 2577

La palabra «canon» es un término griego que significa «regla» o «estándar». No se encuentra en la Biblia, pero incluso dentro de las páginas de la Escritura, se reconocen determinados libros como sagrados. La mayoría de los debates sobre el canon de la Escritura giran alrededor de los 27 libros del Nuevo Testamento. Durante Su ministerio, Jesús habló de la autoridad del Antiguo Testamento. Por ejemplo, mencionó «... la ley de Moisés, [...] los profetas y [...] los Salmos...», en Lucas 24:44-48. Nosotros también nos concentraremos principalmente en los libros del Nuevo Testamento.

Hay diversas preguntas sobre cómo se estableció el estándar o canon, de los 27 libros del Nuevo Testamento. La mayoría se sorprende al escuchar que la primera mención registrada de una lista con los 27 libros del Nuevo Testamento apareció en una carta escrita por Atanasio en 367 d.C. Pocos años después, dos concilios eclesiásticos (el Concilio de Hipona en 393 y el Concilio de Cartago en 397) presentaron los 27 libros que conforman el Nuevo Testamento de la Biblia cristiana. Esto produjo cierto temor, porque durante casi 350 años, la iglesia no había sabido qué considerar como Escritura, y también se temía que el concilio hubiera votado para darle autoridad a ciertos libros. No obstante, ese temor es infundado.

En realidad, la determinación temprana del canon del Nuevo Testamento está bien documentada, y fue cercana a la escritura de los libros en el siglo I. Considera 2 Pedro 3:15-16, donde el apóstol llama a los escritos de Pablo «Escritura». Además, pasajes como 1 Tesalonicenses 2:13 y 1 Pedro 1:10-12 reconocen la canonicidad de los escritos de la Palabra. Aparte de los apóstoles, los líderes de la iglesia primitiva reconocían la procedencia divina de estos escritos. Tres de los más importantes padres de la iglesia, que vivieron una generación después de la muerte de los primeros discípulos, fueron Clemente de Roma, Ignacio y Policarpo. En sus obras encontramos numerosas referencias a las Escrituras del Nuevo Testamento.

Debemos recordar que los primeros siglos de la iglesia primitiva fueron totalmente diferentes de nuestra experiencia actual. Respecto al nacimiento de Jesús, se nos dice que «cuando se cumplió el tiempo establecido, Dios envió a su Hijo, nacido de una mujer y sujeto a la ley» (Gál. 4:4-5). Creo que algo similar podría afirmarse de la cronología relacionada con el canon del Nuevo Testamento. Los siglos III y IV fueron el momento ideal para el reconocimiento oficial del canon del Nuevo Testamento. Esto no significa que los que vivieron antes de 393 d.C. no tuvieran la Biblia, sino más bien que con el aumento de creencias, enseñanzas y libros falsos (que afirmaban ser escriturales), ese fue el momento adecuado para reconocer oficialmente la autoridad que estos 27 libros ya poseían.

APLICACIÓN PRÁCTICA:

Conduce con cuidado

Liberty University, en el centro de Virginia, está rodeada por la Cordillera Azul. No hay nada como estas montañas a finales de otoño, cuando todos los árboles comienzan a cambiar de color. Por todas partes se ven hermosas tonalidades de rojo, naranja, amarillo y burdeos. El bellísimo paisaje se extiende cientos de kilómetros. Es verdaderamente cautivador. El otoño es la estación favorita para todos los que tienen un auto descapotable y para los motociclistas de la zona. Durante todo el día, personas en motocicletas, automóviles, bicicletas, y a pie, se aventuran al aire libre para apreciar este regalo maravilloso de Dios.

Cuando cae la noche y las multitudes comienzan a dispersarse para regresar a sus hogares, las mismas montañas que proporcionaban una vista maravillosa de la creación de Dios ahora parecen atrapar al viajante en caminos elevadísimos y empinados, con curvas pronunciadas. Y sin luces de carretera que ayuden en el viaje, estas curvas donde se puede conducir a un máximo de 25 km/h (15 millas por hora) pueden ser realmente inquietantes; en especial, al saber que del otro lado del camino hay un precipicio de más de 30 metros (100 pies) de altura. Y a medida que la neblina fría del aire de montaña comienza a empañar el parabrisas cálido de un vehículo, aumenta el temor a caer por el acantilado. Por fortuna, el viajero no está desprotegido.

A los costados del camino de montaña, se extienden kilómetros de vallas de seguridad que bordean cada palmo del camino situado sobre un precipicio peligroso, y también aparecen en el lado opuesto, donde puede haber peligro de derrumbe. Y aunque pueden dejarte el auto hecho pedazos si chocas contra ellas, te salvarán la vida al impedir que te caigas por el acantilado o que te lleves por delante una roca desprendida.

Estas vallas de protección no son atracciones turísticas. Nadie que se compra un descapotable nuevo pasea por el camino de la Cordillera Azul con la capota bajada para ver de cerca las vallas. Estos protectores oxidados y viejos no suelen ser el tema de conversación durante un tranquilo paseo de domingo. No obstante, adquieren protagonismo cuando salvan a alguien de caerse por el precipicio. Y en ese momento, la gente comienza a valorar a la autoridad que colocó allí esas barreras de protección. Hay gratitud hacia los que tuvieron la sabiduría de colocar las vallas para salvar vidas. A veces, las personas hasta escriben cartas o llaman a los líderes de la comunidad, que fueron previsores y protegieron los caminos.

Mira qué hermosas vallas protectoras

La Biblia es la valla protectora de Dios, formulada y colocada como un límite definido dentro del cual debe funcionar todo ser humano. Aunque tiene muchos propósitos, «toda la Escritura es inspirada por Dios y es útil para enseñarnos lo que es verdad y para hacernos ver lo que está mal en nuestra vida. Nos corrige cuando estamos equivocados y nos enseña a hacer lo correcto. Dios la usa para preparar y capacitar a su pueblo para que haga toda buena obra» (2 Tim. 3:16-17). La Biblia se escribió para protegernos de caer por un acantilado. Y aunque actualmente no se le presta la debida atención, la Palabra de Dios es superior a toda autoridad humana, tanto escrita como oral. El Antiguo y el Nuevo Testamento de la Santa Biblia proporcionan los parámetros de vida para toda persona. Y aunque a algunos no les gusta nada que les pongan parámetros para vivir, el sabio decide no ignorar los límites divinos. La persona sabia lucha con la tendencia a rechazar las vallas protectoras de Dios, e incluso puede discernir la clara guía de Dios y la verdad que contiene la Biblia, como vallas protectoras espirituales alineadas a lo largo de nuestra trayectoria vital.

« LA BIBLIA SE ESCRIBIÓ PARA PROTEGERNOS DE CAER POR UN ACANTILADO ».

Esta semana, considera poner en práctica los siguientes consejos basados en nuestra exposición sobre la Palabra de Dios:

1. Ve a dar un paseo

Sal a caminar en medio de la creación de Dios. En Virginia, muchos de los que creen en esta realidad sobre la Escritura llevan sus Biblias con ellos mientras pasean por la Cordillera Azul, y se detienen en algún punto para leerla y recordar al Creador de las hermosas montañas y Protector de todos aquellos que lo llaman «Señor» (comp. Salmo 121). De la misma manera, lleva una Biblia y haz una pausa en tu vida frenética y agitada. Tómate tiempo para agradecer a Dios por Su maravillosa creación y por la verdad que tienes en la mano.

2. Medita en la Palabra de Dios

Una cosa es observar la obra artística de Dios en Su creación (ver capítulo «La revelación»), pero algo completamente distinto es recibir las instrucciones directas del Señor, Sus palabras para ti, de la Santa Biblia. Hoy, dedica un tiempo a leer una porción de la Palabra. Pero no la leas solamente... medita en ella. Reflexiona. Habla al respecto con tu familia de la iglesia (ver capítulo «La membresía en la iglesia» y «Ekklesia/la iglesia»). Si pones en práctica este consejo, la verdad de Dios se transformará en más que un ejercicio académico y conceptual, y comenzarás a experimentar las verdades de la Biblia.

3. Confía en la única fuente autorizada de la santa Palabra de Dios: la Biblia

La Biblia, en el Antiguo y el Nuevo Testamento, es la única fuente autorizada de la santa Palabra de Dios. No hay nada igual. No es una entre muchas fuentes escritas de verdad. Es el único recurso autorizado y suficiente de la inspirada Palabra de Dios. Por tanto, confía en sus enseñanzas. Al leer cada palabra, recibes un mensaje directo de Dios, el Creador del universo, que quiere relacionarse personalmente contigo.

Estudia lo que la Biblia afirma sobre la Palabra de Dios, su propósito, y el rol de la verdad en la vida del creyente.

Aquí tienes otros versículos para leer sobre el tema: Lucas 24:44-48; Hebreos 1:1-4; 2 Pedro 3:15-16; 1 Tesalonicenses 2:13; 1 Pedro 1:10-12.

Anótalo...

...¡y ponlo en PRÁCTICA!

Anótalo...

SECCIÓN 3:

LA HUMANIDAD Y EL PECADO

CAPÍTULO 11

LA IMAGEN DE DIOS

«La imagen es algo en la naturaleza misma de los humanos, en la manera en que fueron hechos. Se refiere a algo inherente a la esencia humana, no a algo que el individuo tenga o haga. En virtud de ser humanos, somos hechos a imagen de Dios; esto no depende de la presencia de nada más».

—MILLARD ERICKSON, *Christian Theology* [Teología cristiana], 532

«Entonces Dios dijo: "Hagamos a los seres humanos a nuestra imagen, para que sean como nosotros. Ellos reinarán sobre los peces del mar, las aves del cielo, los animales domésticos, todos los animales salvajes de la tierra y los animales pequeños que corren por el suelo"». Creo que el concepto de la imagen de Dios es una de las doctrinas más malinterpretadas de la Biblia. Este malentendido me resulta sumamente desalentador, ya que el propósito de esta doctrina es comunicarnos algo sobre el Creador y sobre nosotros mismos. No obstante, me alienta pensar que aclararla nos puede ayudar a comprendernos mejor, y nos permite también honrar mejor a Dios con nuestras vidas.

La palabra hebrea para «imagen» es *tselem*, y fuera de Génesis 1:26-27, suele traducirse como algo referido a una representación física. Esto nos permite entender mejor en qué consiste ser creados a imagen de Dios. Los teólogos han identificado posibles interpretaciones de la imagen de Dios, que van desde la capacidad humana de reinar sobre el resto de la creación hasta las relaciones interpersonales que podemos mantener con otros. Aunque hay muchas posibilidades, el contexto de Génesis parece transmitir que el autor (Moisés) le explicaba a su audiencia que la humanidad fue creada para representar a Dios aquí en la Tierra, de la misma manera en que un rey conquistador erigiría una estatua de su persona en una tierra lejana, para que ese pueblo supiera a quién sirve. Ser creados a imagen de Dios debería ayudarnos a que nos recordásemos los unos a los otros la existencia del Rey de reyes.

Es tristísimo pensar en el terrible daño que el pecado de la humanidad ha causado. En lugar de mirarnos unos a otros y señalar a Dios como nuestro Rey, ahora hacemos dioses a las personas, peleamos entre nosotros y nos mentimos y robamos.

El rey David reflexionó sobre la singularidad de ser creados a imagen de Dios, y alabó al Señor por esta maravillosa creación. En el Salmo 139, afirma: «¡Gracias por hacerme tan maravillosamente complejo! Tu fino trabajo es maravilloso, lo sé muy bien».

También se habla de la imagen de Dios en el Nuevo Testamento, donde se declara que Jesús representa perfectamente a Dios el Padre. Él mismo lo declaró en Juan 10:30 y 14:1-14. Además, el apóstol Pablo habla de Jesús en Colosenses 1:15-20. En el versículo 15, afirma: «Cristo es la imagen visible del Dios invisible...». Se dice que los cristianos fueron hechos a imagen de Cristo. Romanos 8:29 declara que aquellos que tienen fe en Jesús están en proceso de parecerse cada vez más a Él. Cuando le rendimos nuestra vida, nos parecemos más y más a Él.

APLICACIÓN PRÁCTICA:

Eres increíble

Los seres humanos son la creación más fantástica de todos los imaginativos diseños de Dios. Aunque otras creaciones de Dios pueden hacer cosas bastante extraordinarias, es difícil competir con toda la capacidad creativa, la singularidad y el conocimiento de los seres humanos. El problema es que la humanidad decidió pecar, y por ello está contaminada (ver capítulo «El pecado»). Solo podemos reflejar una imagen torcida e impura de nuestro Creador. Y debido a esta mancha de pecado en el corazón humano, nuestro propio razonamiento caído nos persuade con facilidad para que ignoremos a Dios y creamos que podemos ser la autoridad final sobre nuestras vidas. Afortunadamente, tenemos la Biblia, la fuente divina de la cual recabar la verdad de Dios sobre nosotros. Ella es el fundamento de las instrucciones que necesitamos para saber cómo deberíamos ver la vida, y suple nuestra necesidad diaria de obtener guía divina.

Valora el regalo y al que regala

Cuando comenzamos a concentrarnos en la maravillosa creación de Dios y dejamos de concentrarnos en el Creador, olvidamos nuestro estado espiritual caído. Por ejemplo, esto sucede cuando la humanidad se maravilla del efecto cautivador de la música. Algunos comienzan a concentrarse por completo en experimentar sus efectos, al punto de acudir a la música para encontrar paz, gozo y contentamiento. Esto puede parecer algo extremo y poco realista, pero si alguna vez hablaste con alguien que se tome la música en serio y se dedique con pasión a perfeccionar su arte, sabes que esto puede llegar a abarcar toda la atención de un artista musical. No me malinterpretes, el amor profundo por la música no tiene nada de malo. Nada en absoluto. Pero cuando el foco está exclusivamente en la hermosa creación de Dios, uno puede terminar adorando a la creación con sus pensamientos y acciones. Por desgracia, algunos hasta llegan a depender de ella. Y esto puede darse con prácticamente cualquier cosa: la música, el trabajo, el senderismo, la naturaleza, etc.

La Biblia explica la belleza del mundo y el propósito de toda la vida, y dirige nuestra atención al Autor y Creador de todo lo que disfrutamos en este mundo. Pero como podemos quedar cautivados por la belleza de la creación, la Biblia nos recuerda que no debemos olvidarnos de adorar al Creador. Romanos 1:25 nos advierte que esta tendencia se debe al pecado que ha afectado nuestros corazones y nuestras vidas: «Cambiaron la verdad acerca de Dios por una mentira. Y así rindieron culto y sirvieron a las cosas que Dios creó pero no al Creador mismo, ¡quien es digno de eterna alabanza!» (Rom. 1:25).

Lo bueno es que los seres humanos todavía pueden obtener la perspectiva espiritual adecuada para la vida.

¿En qué categoría estás?

Todos somos creaciones de Dios, pero no todos somos Sus hijos. Hay una gran diferencia. En este libro, damos detalles sobre cómo una persona puede aceptar a Jesucristo como su Salvador personal (ver capítulo «La salvación»), pero llegados a este punto es importante que te des cuenta de que es imposible experimentar de verdad el pleno valor de los regalos de Dios en este mundo sin antes comprender la relación que uno tiene con Él. Y esta no será perfecta hasta que te arrepientas del pecado en tu vida, aceptes el pago suficiente de Jesucristo por tu pecado y te comprometas a empezar a depender de Él, el Creador del mundo, para la salvación. La salvación proporciona una perspectiva adecuada del mundo, la creación y el hermoso papel que desempeñas en todo ello.

《 LA SALVACIÓN PROPORCIONA UNA PERSPECTIVA ADECUADA DEL MUNDO, LA CREACIÓN Y EL HERMOSO PAPEL QUE DESEMPEÑAS EN TODO ELLO 》.

Estudia lo que la Biblia enseña sobre cómo la humanidad fue creada a imagen de Dios

Aquí tienes otros versículos para leer sobre el tema: Génesis 1:26-27, 5:1, 9:6; Santiago 3:9; Salmos 8, 139:13-16; Colosenses 1:15-23.

Anótalo...

...¡y ponlo en PRÁCTICA!

CAPÍTULO 12

EL PECADO

«El pecado es una acción o motivación perversa que se opone a Dios. En resumen, es no dejar que Dios sea Dios, y poner otra cosa o persona en Su legítimo lugar de supremacía».

—MILLARD ERICKSON, *Christian Theology* [Teología cristiana], 579

Podemos llamar al «pecado» de muchas formas. Podemos llamarlo «adicción», o quizás «impulso». La sociedad llama a la desobediencia de muchas maneras, pero la Biblia llama pecado a desobedecer los mandatos de Dios. Dentro de la Biblia, se reconoce al pecado como el problema principal que enfrenta el ser humano, y que tiene muchas facetas. Nacemos en pecado (Sal. 51:5) y somos sus esclavos (Rom. 6:1-14). También se nos dice que el pecado conduce a la muerte (Rom. 6:23). El primer pecado aparece en Génesis 3. El contexto de la historia se relaciona con un mandamiento que Dios les dio a Adán y Eva de no comer del árbol del conocimiento del bien y del mal, y con la intervención de Satanás, el engañador. En Génesis 3:1, vemos cómo la serpiente comienza a interrogar a Eva sobre el mandamiento divino. Satanás cuestiona las palabras mismas de Dios, y al hacerlo, ataca directamente Su carácter, engañando a Eva para que crea que, en realidad, Dios no es bueno. El resto de Génesis 3 describe lo ocurrido, y a partir de ahí la Biblia es la historia del amor redentor de Dios, que vence el pecado de la humanidad.

¿Pero qué es exactamente el pecado? ¿Es pecado tener un mal pensamiento? ¿Es pecado experimentar tentación? La Biblia afirma que Jesús fue tentado (Mat. 4), pero también declara que no pecó (Heb. 4:15). En el Nuevo Testamento, muchas palabras hablan del pecado (seis vocablos griegos distintos). Estas palabras incluyen la idea de errar el blanco, ofender a otra persona, hacer algo perverso, y descuidar una obligación. La más popular es *hamartia*, que significa «errar el blanco». Es la imagen de un arquero que dispara a un objetivo. Errar la diana es errar el blanco. La Biblia informa que esto puede darse en algo que hagamos (o dejemos de hacer), y también en nuestras palabras o intenciones.

Después de pecar de manera terrible (al cometer adulterio y asesinato), el rey David oró de la siguiente manera: «Tú no deseas sacrificios; de lo contrario, te ofrecería uno. Tampoco quieres una ofrenda quemada. El sacrificio que sí deseas es un espíritu quebrantado; tú no rechazarás un corazón arrepentido y quebrantado, oh Dios» (Sal. 51:16-17). Estos versículos no indican que Dios no desee sacrificios (el versículo 19 reconoce que los verdaderos sacrificios son aceptables). Si conoces el Antiguo Testamento, recuerdas la importancia de los sacrificios animales para cubrir un pecado. Lo que David reconoce es que Dios no quiere algo (en este caso, un sacrificio) hecho con la actitud equivocada.

Dios desea y exige a Sus seguidores que lo dejemos ser Dios. Esto significa que tenemos que obedecerlo y tomar en serio Su Palabra. Vemos que Satanás conoce la Palabra de Dios, y que intentó engañarnos torciéndola. Incluso cuando trató de tentar a Jesús en el desierto, torció la Palabra de Dios para intentar lograr que Jesús pecara (Mat. 4). Por eso, necesitamos conocer la Escritura y confiar en los mandamientos de Jesús.

APLICACIÓN PRÁCTICA:

No hay excepciones
El pecado ha afectado por completo las vidas de todos los seres humanos. Algunos han pecado de maneras horrendas y grotescas, mientras que otros han demostrado el pecado en sus vidas de formas aparentemente «inofensivas» (por ejemplo, con mentirillas blancas, robando baratijas, etc.). Y aunque la sociedad acepta a este último tipo de personas sin problemas y las considera ciudadanos que respetan la ley, para Dios, ambos infractores tienen pecado en el corazón.

《 EL PECADO HA AFECTADO POR COMPLETO LAS VIDAS DE TODOS LOS SERES HUMANOS 》.

Por supuesto, a los ciudadanos «respetuosos con la ley» no les gusta que los coloquen en la misma categoría de aquellos que cometen ofensas graves. «Tiene que haber una diferencia entre ambos», han dicho algunos. Tiene que haber una diferencia, ya que las leyes civiles castigan de forma distinta al que comete un crimen atroz que al que roba un puñado de uvas de la tienda y se las come sin pagar, ¿no es así?

Entonces, ¿hay una diferencia entre estas dos personas?

De regreso a la infancia
Aunque las consecuencias de las acciones de una persona pueden y deberían ser distintas, la misma naturaleza pecaminosa actúa en los dos individuos. Y aunque algunos demuestran su pecaminosidad de maneras más evidentes que otros, la misma naturaleza caída está en cada uno con pleno vigor.

Usaré una ilustración para describir cómo todos tenemos la misma naturaleza caída, pero cada uno demuestra distintas acciones pecaminosas. En un papel (tal vez en el margen de esta página), quiero que dibujes un círculo. Luego, quiero que recuerdes tu infancia y cómo solías dibujar un sol brillante en el cielo. ¿Recuerdas que trazabas líneas que salían del sol, para representar los rayos? Algunas eran largas, otras cortas. Haz lo mismo con el círculo que dibujaste. Esboza un sol con líneas que salgan de él, para representar los rayos que salen. Ahora, déjame explicar cómo esto describe la diferencia entre la pecaminosidad o naturaleza caída de una persona y sus acciones pecaminosas.

Por un momento, imagina que el círculo representa tu naturaleza pecaminosa (es decir, tu corazón contaminado por el pecado; ver capítulo «La imagen de Dios»). Esto es cierto respecto a todos los seres humanos, y todos somos culpables y responsables debido a nuestra naturaleza caída. Ahora, imagina que los rayos que dibujaste representan las acciones pecaminosas que cometes, generadas por tu naturaleza caída. Esto ilustra que la naturaleza pecaminosa está presente en todas las personas, pero la cantidad de acciones de pecado pueden variar de una a otra. Algunos presentan más acciones pecaminosas y otros menos; todos expresamos nuestra pecaminosidad de distintas maneras, ¡PERO todos pecamos como consecuencia de la misma naturaleza pecaminosa!

¿Cuán «pecaminoso» eres?

Me pregunto cuántos rayos de sol dibujaste... ¿hiciste 10 rayos... 15... 20, o más? Es más, si realizaste este ejercicio con otra persona... me pregunto cuántos rayos habrás dibujado en comparación a los que dibujó tu amigo. Sospecho que la cantidad de rayos de cada uno sería distinta. Yo acabo de hacer este ejercicio y dibujé ocho rayos (cuatro largos y cuatro cortos). Quizás dibujaste menos que yo. Pero si tenías ganas de garabatear, tal vez te tomaste en serio esta tarea, y tu sol está ampliamente decorado. Entonces, ¿cuántos dibujaste?

Lo que trato de probar es que algunos exhiben más acciones pecaminosas que otros y, en efecto, nuestra sociedad les castiga con más severidad por sus excesos. Pero a los ojos de Dios, todos tenemos la misma naturaleza caída que requiere perdón y purificación. No hay excepciones. Por lo tanto, para estar en paz con Dios, tienes que tratar tu naturaleza pecaminosa (ver capítulo «La salvación»). Comparar tu poca cantidad de pecados con la gran cantidad que otros exhiben no significa que puedas afirmar que eres mejor que la mayoría.

¡Que alguien me ayude!

¿Qué puedes hacer para purificarte de tu naturaleza caída? Nada. Aunque sin duda podrías cambiar los rayos del sol (al hacer buenas obras, al asistir a un grupo de ayuda, al cambiar tus costumbres, etc.), no puedes borrar la naturaleza pecaminosa que reside en tu corazón. Es imposible. Solo Dios puede tocar esa parte de tu alma... tú no. Así que necesitas que Dios te perdone por tu pecaminosidad y limpie tu alma (Rom. 3:23, 6:23; Ef. 5:8; Tito 3:5; Rom. 10:9-10).

Hay ayuda disponible
En los capítulos que siguen, resumiremos lo que enseña la Biblia sobre cómo puedes pedirle a Dios que salve tu alma. Pero si no puedes esperar... ¡lee en este libro el capítulo «La salvación»!

Estudia lo que la Biblia afirma sobre el pecado
Aquí tienes algunos pasajes para leer sobre el tema: Romanos 3:23, 5:12; 2 Corintios 5:21; Santiago 1:15; 1 Juan 1:8-10.

Anótalo...

...¡y ponlo en PRÁCTICA!

Anótalo...

CAPÍTULO 13

EL CORAZÓN

«El "corazón" simboliza el fuero interno del ser humano, su propia persona. Como tal, es la fuente de todo lo que hace (Pr. 4:4). Todos sus pensamientos, deseos, palabras y acciones fluyen desde lo más profundo de su ser. Con todo, ninguna persona logra entender su propio «corazón» (Jer. 17:9). Al seguir el ser humano su propio camino, su «corazón» se endurece cada vez más. Pero Dios circuncidará (recortará la inmundicia) del «corazón» de su pueblo, para que le amen y obedezcan con todo su ser (Dt. 30:6)».

—*Vine's Complete Expository Dictionary of the Old and New Testaments*
**[Vine, Diccionario expositivo de palabras del Antiguo
y del Nuevo Testamento, exhaustivo], 109**

En Mateo 22:37, leemos: «Amarás al Señor tu Dios con todo tu corazón, con toda tu alma y con toda tu mente». Solemos preguntar a los niños si han invitado a Jesús a su corazón. ¿Pero entendemos la importancia de lo que afirmamos? Si le preguntas a un niño adónde vive Jesús, señalará a su pecho y dirá: «Jesús vive en mi corazón». Para mí, es un excelente recordatorio de la importancia de clarificar lo que decimos, y lo que no decimos, sobre lo que creemos.

La palabra griega para «corazón» en Mateo 22:37 es *kardia*, que entre otras cosas, se refiere al centro de toda vida física y espiritual. Es más que el órgano que bombea sangre por nuestro cuerpo. En el contexto de lo que Jesús declaró en Mateo 22, el corazón representa la esencia misma de nuestro ser. Así que, cuando Jesús pide que lo ames con todo el corazón, quiere decir que debes amarlo con todo tu ser. En el Sermón del Monte, el Señor enfatizó la importancia de este tema al hablar del pecado dentro del corazón (Mat. 5:28). Los escritores del Antiguo Testamento también consideran la importancia del corazón (heb., *leb*), como en el Salmo 19:14, donde David exclama: «Que las palabras de mi boca y la meditación de mi corazón sean de tu agrado, oh Señor, mi roca y mi redentor».

La Biblia establece con claridad la importancia de un corazón agradable delante de Dios, y el llamado a amar al Señor con todo el corazón denota la trascendencia de este tema. Jeremías 17:1-10 afirma que el corazón es engañoso, y David ora pidiendo un corazón limpio ante Dios en el Salmo 51. ¿Cómo se puede amar a Dios con todo el corazón si éste es malvado, engañoso e impuro? La respuesta está en la persona y la obra de Jesús, el Salvador. En el Antiguo Testamento, la idea de un corazón nuevo ya estaba presente. Ezequiel 36:26-27 registra las palabras del Señor al pueblo de Israel: «Les daré un corazón nuevo y pondré un espíritu nuevo dentro de ustedes. Les quitaré ese terco corazón de piedra y les daré un corazón tierno y receptivo. Pondré mi Espíritu en ustedes para que sigan mis decretos y se aseguren de obedecer mis ordenanzas». El mismo concepto se presenta en el Nuevo Testamento, en pasajes como Mateo 22, que ya consideramos, y en otros escritos del apóstol Pablo que señalan hacia un «nuevo hombre» y una «nueva creación» (ver 2 Cor. 5:17-21).

APLICACIÓN PRÁCTICA:

Ora por mí
En mi iglesia local, me ofrezco a hablar de cuestiones espirituales con miembros de la congregación y visitantes que puedan tener preguntas al final de cada reunión. Me han hecho toda clase de preguntas; desde «¿Podría orar por mí ahora mismo para que el Señor me proporcione un trabajo esta semana?», a «Ore por mí; estoy atravesando una situación familiar espantosa». Todos los pedidos me parecen importantes, porque son cuestiones que consumen la vida de las personas. Para ellas, son situaciones tan perturbadoras que han decidido acudir a la iglesia para hablar del tema y orar con alguien.

Intenta explicárselo a un niño de siete años
Una de las preguntas que a veces me hacen es: «¿Cómo puedo pedirle a Jesucristo que salve mi alma?». Es una pregunta que espero porque, después de escuchar al pastor hablar sobre la necesidad de la salvación, la persona reflexiona y considera lo que la Biblia enseña sobre el tema, y quiere tomar una decisión espiritual. Pero solía costarme explicar términos doctrinales profundos a niños pequeños. Así que tomé el ejemplo del mejor maestro del mundo, Jesucristo, quien a menudo usaba imágenes y analogías para ayudar a la comprensión de conceptos doctrinales profundos.

No choques mi auto
Es una tarea intimidante ayudar a los niños a comprender el significado del concepto espiritual del «corazón». ¡Imagina su confusión cuando lo describes como la «voluntad», o «el impulso interior que te lleva a decidir, actuar, pensar y confiar»! Así que utilizo términos sencillos y, por ejemplo, comparo el corazón (es decir, la «voluntad» de una persona) con un recuerdo familiar de la vida del niño. Muchos pequeños pueden identificarse con el recuerdo de ir sentados en el regazo de su padre mientras este conduce muy despacio en un estacionamiento o por el vecindario, y permite al niño sostener el volante para dirigir el auto. Por supuesto, las piernas del niño son demasiado cortas

como para alcanzar los pedales, así que el padre asume esa responsabilidad. Y, a veces, a los niños les produce una retorcida sensación de placer intentar llevar el auto hacia un buzón de correo, una zanja, o en dirección a un pájaro que vuela (¡sospecho que muchos agentes de seguros podrían relatar historias pintorescas sobre accidentes similares!). Cuando esto ocurre, el padre de inmediato coloca las manos sobre las del niño, que no suelta el volante, y conduce el auto hacia una dirección segura... a menudo, en contra de la voluntad del chico, que todavía tiene la mira puesta en hacer un giro abrupto y estrellarse contra una pared. El padre pisa el freno al instante, amonesta al niño, y luego continúan su viaje.

Una imagen de gran amor

De la misma manera, explico que «entregarle el corazón a Jesús» es como saltar al regazo de un padre (Cristo) y tomar con Su guía decisiones sobre lo que hacer y lo que no hacer. Pero es necesario saber que no puedes hacerlo solo (así como un niño no podría conducir un auto por su cuenta). Hace falta mucha ayuda. Pero Dios está allí, y deja que te sientes sobre sus piernas, para que puedas ver el camino con claridad. Está ahí para pisar los pedales del acelerador y el freno, para medir el avance de tu trayecto, y siempre está presente para tomar el volante si es que te diriges hacia una zanja. En otras palabras, «entregarle el corazón a Jesús» es aceptar que siempre necesitarás Su ayuda en el viaje de la vida. Te comprometes a confiar en que Él dirija tu camino (Prov. 3:5-6), y aceptas que los tiempos de ese viaje vienen de parte del Señor. Él sabe cuán rápido o despacio deberían suceder las cosas en tu vida, así que aceptas Su guía. Cuando de repente (y a veces, a la fuerza) toma tus manos y te dirige en una dirección totalmente opuesta, confías en Él como confías en tus padres sobre cuestiones que todavía no comprendes. Como creyente en Jesucristo, Él promete dirigirte y guiar tu vida por el inmenso amor que te tiene.

《 "ENTREGARLE EL CORAZÓN A JESÚS" ES ACEPTAR QUE SIEMPRE NECESITARÁS SU AYUDA EN EL VIAJE DE LA VIDA **》**.

Todo se reduce a la confianza

Todo ser humano debe llegar a comprender que no puede ver todo lo que hay por delante y que necesita confiar en Dios para salvar su alma y transitar el camino de esta vida. No tengas miedo de confiarle a Dios tu alma y tu vida. No luches contra Su amorosa guía. Confiar en Él no es motivo para avergonzarse. Francamente, es señal de sabiduría. Abre tu «corazón» a Dios y comienza a experimentar Su guía amorosa (ver capítulo «La salvación»), mientras aceptas que «podemos hacer nuestros planes, pero el Señor determina nuestros pasos» (Prov. 16:9).

Estudia lo que la Biblia enseña sobre el corazón
Aquí tienes otros versículos para leer sobre el tema: Mateo 22:37; Lucas 8:11-15; Ezequiel 36; 2 Corintios 5:17-21.

Anótalo...

...¡y ponlo en PRÁCTICA!

Anótalo...

CAPÍTULO 14

LA PERSONALIDAD HUMANA

«La vida normal incluye la capacidad de tomar decisiones, y uno es responsable de lo que elige. La decisión que hace más significativas a las demás es la del compromiso con Cristo».

—*EVANGELICAL DICTIONARY OF THEOLOGY* [Diccionario evangélico de Teología], 1275

La personalidad humana está compuesta principalmente por tres aspectos: el intelecto, los sentimientos y la voluntad. Todos ellos entran en juego cuando una persona toma una decisión, aunque cada uno puede utilizar su intelecto, sus sentimientos y su voluntad en distintos grados a la hora de decidir. Es importante analizar la manera en que tomamos decisiones, y cómo dejamos que nuestro intelecto y nuestras emociones afecten a nuestras decisiones (las cuales son un acto de la voluntad).

El intelecto humano se menciona a lo largo de la Biblia. En toda la Escritura, se apela al poder de pensar y razonar. En Hechos 17:10-15, se felicita a los cristianos de Berea por examinar las Escrituras y verificar la validez del mensaje de Pablo. La Biblia en sí se escribió para revelar a Dios a la humanidad, lo cual, en gran parte, es una tarea intelectual. Considera el propósito del Evangelio de Juan: «Los discípulos vieron a Jesús hacer muchas otras señales milagrosas además de las registradas en este libro. Pero éstas se escribieron para que ustedes sigan creyendo que Jesús es el Mesías, el Hijo de Dios, y para que, al creer en él, tengan vida por el poder de su nombre» (Juan 20:30-31). Considera también las apelaciones a la sabiduría en todo el libro de Proverbios, como otro ejemplo en la Escritura de la importancia del intelecto.

Los sentimientos de una persona también se mencionan en la Palabra. Aparecen en muchos relatos bíblicos, y especialmente en Salmos. En escritos como el Salmo 23 o el Salmo 150 puede percibirse la pasión. Al leer el Salmo 51, escrito en el contexto del fracaso moral del rey David, se siente una profunda desesperación. En el Nuevo Testamento, vemos que Jesús expresa emociones profundas al limpiar el templo (Mar. 11:15-19), y cuando llora por la muerte de Lázaro (Juan 11:35).

La Biblia también habla sobre la voluntad humana de modo sistemático. Josué insta al pueblo de Israel: «Elige hoy mismo a quién servirás» (Jos. 24:15). David compromete su voluntad en pasajes como el Salmo 101, donde afirma lo que hará y lo que no hará. En el Nuevo Testamento, hay versículos que apelan a la voluntad, como Mateo 7:13, donde Jesús declara que pocos escogerán el camino angosto. Sistemáticamente, toda la Biblia enfatiza la necesidad de tomar buenas decisiones, tanto en el Antiguo como en el Nuevo Testamento.

De los tres aspectos de la personalidad humana, la parte más vital es la voluntad. Lo digo porque la voluntad se trata del acto mismo de decisión. En resumen, cualquiera puede saber qué es lo correcto (intelectualmente), y sentir que es la decisión correcta (emocionalmente), pero hasta que no tomamos la decisión de actuar según la información que recibimos de nuestro intelecto y nuestros sentimientos... nada sucede.

APLICACIÓN PRÁCTICA:

¿Cuál es la diferencia?
Probablemente, acabas de leer el capítulo titulado «El corazón» y el principio de este capítulo respecto a «La personalidad humana». Tal vez te preguntes, «¿cuál es la diferencia?». Lo cierto es que la «personalidad humana» está íntimamente relacionada con el tema del «corazón». La diferencia es que, mientras el corazón es la fuerza motora que te impulsa a una decisión final, hay dos influencias que afectan en gran manera tus decisiones: tu intelecto y tus sentimientos. Es necesario atar tu forma de pensar (tu intelecto) a la verdad de Dios, para que tus emociones generen reacciones que se alineen con esa verdad. Una vez que el intelecto y los sentimientos se alinean con la verdad de Dios, es más probable que la voluntad (es decir, el «corazón») tome una decisión sabia que afecte de forma positiva tu vida cotidiana.

Sé tú mismo
No intentes imitar los sentimientos de otra persona en cuestiones espirituales. Tienes que ser tú mismo. Aunque es cierto que todos tenemos que tomar la misma decisión de aceptar a Jesucristo como Salvador personal, no hay una «manera correcta» de expresar tu gratitud a Dios cuando esto ocurre. Así que, si todavía no aceptaste a Cristo como Salvador porque crees que tienes que reaccionar como otros que has visto, por favor no pienses de esta manera. Tal vez hayas visto a personas que expresan sus emociones abiertamente y sin tapujos, pero quizás esa no sea tu forma de ser. No tiene nada de malo ser una persona reservada que no suele demostrar sus sentimientos en público. Dios te hizo tal cual eres. Tienes que ser auténtico y reaccionar según la personalidad que el Señor te ha dado.

He visto a personas aceptar a Jesucristo como Salvador personal con lágrimas de gozo. Y he hablado con otras que también aceptaron a Cristo, pero sin demostrar expresión alguna en su rostro. Es más, una vez vi a una mujer reírse a carcajadas luego de aceptar a Jesús, porque su corazón estallaba de felicidad al tomar esta decisión tan vital y transformadora. La misma decisión... ¡distintas emociones! A fin de cuentas, tu verdadera personalidad siempre acaba emergiendo. Así que cuando respondes a la misma verdad espiritual a la que todos deben responder (es decir, la salvación), tienes libertad de experimentarla a través de tu propia personalidad.

Adora con el corazón
Si crees en Jesucristo, no caigas en la tentación de intentar expresarte en las reuniones de la iglesia como todos los demás. Sé tú mismo. Si eres introvertido, no sientas que no eres tan espiritual como los que no tienen problema de expresar sus sentimientos en público. Si en medio de una canción, sientes que el Espíritu Santo te lleva a adorar a Dios y prefieres cerrar los ojos y orar en lugar de clamar en alabanza, hazlo. No hay emociones «correctas» para adorar a Dios. Él escucha tu corazón y disfruta al verte expresar adoración mediante la personalidad con que te hizo único. Recuerda el Salmo 139:13-14: «Tú creaste las delicadas partes internas de mi cuerpo y me entretejiste en el vientre de mi madre. ¡Gracias por hacerme tan maravillosamente complejo! Tu fino trabajo es maravilloso, lo sé muy bien».

《 DIOS ESCUCHA TU CORAZÓN Y DISFRUTA AL VERTE EXPRESAR ADORACIÓN MEDIANTE LA PERSONALIDAD CON QUE TE HIZO ÚNICO 》.

La personalidad tiene sus límites
Pero sin olvidar estas diferencias, déjame repasar una vez más la esencia de esta verdad: Aunque somos diferentes, todos debemos llegar a la salvación de la misma manera: tenemos que confesar y arrepentirnos de pecado ante Jesucristo, creer que el Dios-Hombre es el único capaz de proporcionar una expiación (cobertura) suficiente por nuestro pecado y aceptar en nuestro corazón Su invitación a transformarse en nuestro Salvador (ver capítulo «La salvación»). Pero una vez que te transformas en miembro de la familia de Dios (ver capítulo «La iglesia»), tienes libertad de expresar tu servicio a Él según tu personalidad única y especial, ¡como testimonio de la obra maravillosa y creativa del Señor!

Estudia lo que la Biblia enseña sobre la personalidad humana
Aquí tienes otros versículos para leer sobre el tema: Josué 24:15; Salmos 101; Marcos 11:15-19; Hechos 17:10-15.

Anótalo...

... ¡y ponlo en PRÁCTICA!

CAPÍTULO 15

LO MATERIAL Y LO INMATERIAL

«Luego el Señor Dios formó al hombre del polvo de la tierra.
Sopló aliento de vida en la nariz del hombre,
y el hombre se convirtió en un ser viviente».
—Génesis 2:7.

Se pueden hacer muchas preguntas y consideraciones en cuanto a los aspectos materiales e inmateriales de la humanidad. Algunos creen que, en esencia, el ser humano está compuesto de tres sustancias distintas. A esta visión se la llama tricotomía, y distingue entre el cuerpo, el alma y el espíritu. Otra perspectiva es la dicotomía, que argumenta que el alma y el espíritu son básicamente lo mismo, así que solo distingue entre el cuerpo y el alma o espíritu. Y hay otra visión más, que no distingue ningún aspecto de la humanidad. El monismo sostiene que el ser humano es en esencia una sola sustancia. Los partidarios de cada uno de estos puntos de vista tienen pasajes de la Escritura que usan para apoyar sus afirmaciones. Para el propósito de nuestro estudio, es importante recordar las siguientes consideraciones al hablar de la naturaleza humana.

En primer lugar, la distinción entre el aspecto material y el inmaterial de la humanidad se utiliza en toda la Escritura, pero en esencia, la naturaleza del ser humano debe verse como una sola. Esto no sugiere que el monismo sea la visión correcta (parece evidente en la Escritura que hay una distinción entre lo material y lo inmaterial). No obstante, lo que quiero decir con «una sola» es que el estado «normal» de la humanidad consiste tanto de lo material como lo inmaterial juntos como una unidad. Como menciona la Biblia de estudio ESV [versión inglesa]: «La separación del cuerpo y el alma producida en la muerte es una tragedia antinatural, que se remediará cuando el cuerpo sea resucitado, permitiendo a todos los seres humanos existir de la manera en que fueron creados» (2528). En Génesis 2:7, leemos: «Luego el Señor Dios formó al hombre del polvo de la tierra. Sopló aliento de vida en la nariz del hombre, y el hombre se convirtió en un ser viviente». En este pasaje, se hace énfasis tanto en el aspecto material como en el inmaterial de la humanidad.

En segundo lugar, se suele pensar que el alma o espíritu de una persona es bueno, y el cuerpo es malo. Aunque muchos de nosotros no llevamos este concepto al punto del ascetismo, que niega prácticamente todos los impulsos físicos en un esfuerzo por agradar a Dios, a menudo tenemos una visión distorsionada de los aspectos material e inmaterial de la humanidad. La Escritura deja claro que el pecado de Adán y Eva en Génesis 3 afectó a la totalidad de la persona. Todos los aspectos materiales e inmateriales de la humanidad son pecaminosos (fuera del poder salvador de Jesús). Los impulsos y deseos físicos no deberían verse como inherentemente pecaminosos, sino en el contexto de la humanidad bajo la maldición del pecado.

Nuestra comprensión de las áreas mencionadas anteriormente se vuelve importantísima a la hora de ministrar a otros. Si consideramos los aspectos materiales de la humanidad como menos importantes que los inmateriales, ¿nos preocuparemos entonces por satisfacer las necesidades físicas de los demás (alimento y abrigo)? Además, cuando le presentamos el mensaje del evangelio a alguien, ¿intentamos simplemente salvar sus aspectos inmateriales, o a toda la persona? Las respuestas a estas preguntas se vuelven importantes al interactuar con personas dentro y fuera de la comunidad de creyentes.

APLICACIÓN PRÁCTICA:

Gánate el derecho de ser escuchado
Hay un axioma que comparten personas de prácticamente cualquier sector, disciplina y segmento de la vida: «A los demás no les importa cuánto sabes, ¡a menos que sepan que te preocupas por ellos!». En general, las personas se tomarán tiempo para escucharte si les has demostrado tu sincero interés en ellas.

《 EN GENERAL, LAS PERSONAS SE TOMARÁN TIEMPO PARA ESCUCHARTE SI LES HAS DEMOSTRADO TU SINCERO INTERÉS EN ELLAS 》.

¡Escuchen, cristianos!
Con todo respeto a mis compañeros de fe en Jesucristo, siento la obligación de decir que muchos cristianos no destacan a la hora de demostrar su amor sincero por los demás. Cantamos al respecto, alentamos a otros a hacerlo, nos regocijamos cuando escuchamos que alguien más lo demuestra, pero me parece que muy pocos cristianos tocan vidas de manera tangible y física. Tenemos que recordar que la misma compasión que nos demostró nuestro Señor y Salvador tiene que reflejarse en nuestras interacciones con los demás.

A Jesús le importaba lo espiritual y lo físico
Según Romanos 5:8, Jesucristo mismo demostró Su amor por nosotros incluso antes de que supiéramos cómo nos amaba: «Pero Dios mostró el gran amor que nos tiene al enviar a Cristo a morir por nosotros cuando todavía éramos pecadores». En Mateo 7:9, al enseñar sobre cuánto desea Dios proveer para Sus propios hijos, Jesús nos instó a

considerar las necesidades de los demás si los amamos de verdad: «Ustedes, los que son padres, si sus hijos les piden un pedazo de pan, ¿acaso les dan una piedra en su lugar?». Y horas antes de ser arrestado en un jardín de la zona, Jesús se propuso indicarles a Sus discípulos: «Así que ahora les doy un nuevo mandamiento: ámense unos a otros. Tal como yo los he amado, ustedes deben amarse unos a otros. El amor que tengan unos por otros será la prueba ante el mundo de que son mis discípulos» (Juan 13:34-35). Jesús dio el ejemplo y se ocupó de las necesidades físicas y espirituales de los que lo rodeaban.

¿Por qué el amor?

El propósito de ayudar a los que tienen necesidades físicas es hacerles ver la razón principal que te impulsa a ayudarlos: que Jesucristo cambió tu vida al darte el regalo de la salvación, lo que te mueve a demostrar el mismo amor sacrificial por los demás, para así reflejar el amor puro de Jesucristo. Tus acciones implementan el mensaje positivo de la salvación que Cristo les puede proporcionar si creen en Él.

De todas formas, hay que creer en Jesús

Y aunque es cierto que las personas continúan teniendo la responsabilidad de creer en la Palabra de Dios, sin importar cómo los afecten los malos ejemplos del cristianismo, es necesario reconocer que las personas parecen estar más dispuestas a escuchar la verdad de Dios de la boca de alguien que primero ha demostrado su sincero amor por ellas de manera tangible. Y aunque no es justificable ignorar el mensaje de Jesús por una experiencia negativa, todos los creyentes deberían esforzarse por no ser un tropiezo para el mensaje transformador de cómo Jesucristo puede salvar el alma (ver capítulo «La salvación»).

Estudia lo que la Biblia enseña sobre la composición material e inmaterial de la humanidad

Aquí tienes otros versículos para leer sobre el tema: Génesis 2:7; 1 Tesalonicenses 5:23; Hebreos 4:12; 1 Corintios 2:14-3:4; Lucas 10:27; Mateo 10:28.

Anótalo...

...¡y ponlo en PRÁCTICA!

JESUCRISTO

CAPÍTULO 16

LA EXPIACIÓN

«La expiación transforma a los enemigos en amigos,
al evitar el castigo que su pecado acarrearía».
—Biblia de estudio ESV, 2522

En esencia, expiar es cubrir. En el Antiguo Testamento, se habla mucho sobre cubrir los pecados del pueblo de Israel. El sacrificio de animales era lo que proporcionaba esta cobertura, como vemos en pasajes como Levítico 1:4. Todos los años, en un día extremadamente importante, el sumo sacerdote de la nación entraba al lugar santísimo del templo y ofrecía una cobertura (un sacrificio) por sus pecados y por los de Israel. Ese día especial se llamaba día de la expiación (ver Levítico 16, LBLA). Era una fecha anual, y el sistema de sacrificios que proporcionaba expiación por los pecados del pueblo era un suceso repetido. La palabra hebrea utilizada en Levítico es *kapporeth*, que significa «propiciatorio» o «lugar de expiación».

En el Nuevo Testamento, la idea de expiación va más allá. La muerte de Cristo en la cruz provee la expiación de los pecados del mundo. Esto se ve en muchos pasajes de la Escritura, incluyendo la victoria que Cristo obtuvo mediante Su obra en la cruz (1 Cor. 15:55-57), y el precio que pagó por nuestros pecados (Rom. 6:23). El libro de Hebreos es uno de los mejores lugares en el Nuevo Testamento para ver la trascendencia de la expiación. Hebreos 9 y 10 comparan la importancia del sacrificio de Cristo con el trabajo de los sacerdotes del Antiguo Testamento. Los sacrificios de esa época proporcionaban una cubierta temporal. Como indica Hebreos 9:11-12: «Entonces Cristo ahora ha llegado a ser el Sumo Sacerdote por sobre todas las cosas buenas que han venido. Él entró en ese tabernáculo superior y más perfecto que está en el cielo, el cual no fue hecho por manos humanas ni forma parte del mundo creado. Con su propia sangre —no con la sangre de cabras ni becerros— entró en el Lugar Santísimo una sola vez y para siempre, y aseguró nuestra redención eterna».

El pecado quebró la relación entre Dios y la humanidad. Alguien tenía que intervenir para cubrir los pecados del ser humano. Dios dio un paso al frente y creó un camino para salvarnos de una eternidad lejos de Él. Esta salvación siempre fue mediante la fe en Dios. En el Antiguo Testamento, la salvación se evidenciaba mediante la participación de la persona en el sistema sacrificial, que anticipaba el sacrificio que vendría en la persona y la obra de Jesucristo en la cruz. Ahora tenemos un Sumo Sacerdote que entró en los cielos por nosotros para expiar nuestros pecados (es decir, ofrecerse a sí mismo como cobertura por ellos). Jesús hizo lo que no se podía lograr con sacrificios de animales y satisfizo las demandas en contra de ti y de mí de una vez y para siempre. A diferencia de los animales, la expiación de Jesús en la cruz no fue temporal, sino que es permanente. Fue ofrecido como sacrificio sin mancha, sin pecado, imperfección ni defecto.

APLICACIÓN PRÁCTICA:

«¡No puedes encontrarnos!»
Una de las cosas más divertidas que hacía con mis hijos cuando eran pequeños era jugar a escondernos. Sus escondites eran evidentes para mí, pero ellos se creían astutos y furtivos.

Comenzábamos de la manera más predecible:

—¡Papá, cuenta hasta diez!
—Bueno —respondía. Entonces comenzaba—. Uno, dos, tres, cuatro, cinco...
—¡No! —exclamaban—. ¡Más despacio!
—Está bien —respondía. Y comenzaba a contar más despacio—. Uno... dos... tres...
—¡No! Así no. ¡Cuenta elefantes!
—Bueno, contaré elefantes —respondía suspirando.
—Un elefante, dos elefantes, tres elefantes... —Hasta llegar a diez elefantes (que parecían no llegar nunca).

Mientras tanto, los escuchaba correteando por la casa y hablándose a gritos. Por supuesto, creían que yo no los escuchaba. Cuando terminaba de contar, exclamaba: «¡El que no se escondió, perdió!».

Mientras iba caminando, hacía como si no supiera dónde estaban. Entonces decía:
—¡Me pregunto dónde estarán! Mmmm... ¿dónde podrán estar? —Repetía estas palabras mientras entraba en la habitación donde sabía que estaban escondidos... ¡porque hacían demasiado ruido! Y la mayoría de las veces, no estaban escondidos dentro del armario, ni detrás del tocador, ni debajo de la cama. Estaban acurrucados debajo de las mantas, sobre la cama.

Cuanto más me acercaba, más les costaba permanecer quietos. Se escapaban risitas desde las mantas, aunque ellos luchaban por contenerlas. Entonces, mi hija más pequeña declaraba desde su escondite: —No puedes encontrarnos. ¡Estamos tapados!

Mientras intentaba contener la risa, les daba la razón: —Vaya, cómo me está costando encontrarlos. Creo que me recostaré en la cama un rato antes de seguir buscando.

—Entonces, me dejaba caer con suavidad en la cama, solo para darles la sensación de que me había quedado dormido. De inmediato, se reían y exclamaban: —¡Quítate de encima, estamos aquí abajo!

—¡No puede ser! —respondía—. ¿Estaban allí abajo todo este tiempo?

—¡Sí! —contestaban con orgullo—. ¡Pero no nos viste porque estábamos tapados!

Los años pasan... pero el escondite es el mismo
Aunque a lo largo de mi vida recuerdo haber representado ambos papeles en ese tipo de juego, no puedo evitar pensar que intentamos esconder nuestro pecado de Dios (y de los demás) de la misma manera obvia. Creemos que hemos ocultado con éxito nuestro pecado (incluso de Dios), pero es tan evidente como esconderse bajo las mantas de una cama.

Intentamos cubrir nuestro pecado pensando que lo compensaremos haciendo más obras buenas que malas en nuestra vida. Hasta intentamos olvidar nuestro pecado y creemos que Dios también aplicará el dicho «ojos que no ven, corazón que no siente». Incluso podemos llegar a intentar redefinir el pecado en nuestra mente, limitándolo a «solo cosas extremadamente malas», y olvidar su definición exacta: «Cualquier cosa que no alcance la gloria de Dios». Son escondites pobres y evidentes donde velar la realidad de que hay pecado en nuestras vidas.

> **« INCLUSO PODEMOS LLEGAR A INTENTAR REDEFINIR EL PECADO EN NUESTRA MENTE, LIMITÁNDOLO A "SOLO COSAS EXTREMADAMENTE MALAS", Y OLVIDAR SU DEFINICIÓN EXACTA: "CUALQUIER COSA QUE NO ALCANCE LA GLORIA DE DIOS" »** .

Considera la cobertura de Dios
La única forma en que nuestro pecado puede ser perdonado y «cubierto» (es decir, expiado) completamente y para siempre es pidiéndole a Dios que extienda sobre nosotros el sacrificio suficiente y perfecto que hizo Jesús y nos perdone, cubriéndonos con Su misericordia. Esto nos permitirá presentarnos ante los demás con nuestra vida cubierta bajo la misericordia de Dios. ¿Has aceptado la expiación divina por tu pecado, o intentas inventar maneras de taparlo? Permíteme animarte a seguir leyendo este libro, en especial los capítulos «La regeneración», «La justificación», «La santificación», «La propiciación» y «La conversión». En ellos, encontrarás una explicación más completa sobre cómo aplicar la expiación divina a tu vida.

Regocíjate en el cambio
Si crees en Jesucristo, deberías gozarte todos los días por el cambio que Dios hizo y sigue haciendo en tu vida. Al hacerlo, dejarás de concentrarte en tu pecado pasado o

presente, y pasarás a celebrar la obra transformadora que Dios está haciendo en tu vida. La expiación divina tiene que ser un motivo de regocijo que haga que tu corazón se vuelque en gratitud a Jesucristo.

Estudia lo que la Biblia enseña sobre la expiación
Aquí tienes otros versículos para leer sobre el tema: 2 Corintios 5:21; Levítico 16:30, 17:11, 23:26-32; Hebreos 7:26-28.

Anótalo...

...¡y ponlo en PRÁCTICA!

Anótalo...

CAPÍTULO 17

LA REDENCIÓN

«El proceso mediante el cual los seres humanos pecaminosos son "rescatados" de la esclavitud del pecado a una relación con Dios a través de la gracia, por el "pago" de la muerte de Jesús. La redención es una de las imágenes o metáforas que utiliza el Nuevo Testamento para ayudarnos a comprender la obra salvífica y gratuita de Dios en Jesús».

—*Pocket Dictionary of Theological Terms*
[Diccionario de bolsillo de términos teológicos], 100-101

La idea expresada en la palabra «redención» es la de «rescatar» o «comprar». Es el concepto presentado en 1 Corintios 7:23, donde el apóstol Pablo afirma: «Dios pagó un alto precio por ustedes, así que no se dejen esclavizar por el mundo». El Nuevo Testamento utiliza tres palabras griegas fundamentales para hablar de la idea de redención (*agorazō, exagorazō,* y *lytroō*). Las tres conllevan la idea de un mercado. Imagina a una persona que visita un mercado, incluso imagínate que es un mercado de esclavos. Romanos 6 afirma que lejos de Cristo, somos esclavos del pecado, pero gracias a Dios, Jesús ha pagado el precio por nuestros pecados y nos ha redimido.

La palabra griega *agorazō* se utiliza en 1 Corintios 6:20 para explicar que Dios nos compró a un alto precio, como en un mercado. El vocablo *exagorazō*, que aparece en Gálatas 3:13, conlleva la idea de rescate. Esto significa que Jesús no solo pagó el precio por nosotros, sino que también nos liberó de nuestra situación. La tercera palabra griega para redención es *lytroō*, que aparece en Tito 2:14, y habla de ser liberados o rescatados. Al examinar estas tres palabras, es evidente que Cristo no solo pagó el precio por nuestros pecados (*agorazō*), sino que también nos sacó de la esclavitud del pecado (*exagorazō*) y por último nos liberó de nuestros pecados (*lytroō*).

Se ha dicho que la historia de la Biblia podría resumirse con la palabra «redención». Desde la caída de la humanidad en el jardín del Edén, según registra Génesis 3, a una humanidad que pasa la eternidad en la presencia de Dios, de acuerdo con Apocalipsis 20-21, la Biblia es la historia de la redención divina. Una manera de hablar de esta historia es mirar lo que los teólogos llaman la metanarrativa. Se trata de la visión general: la perspectiva global sobre toda la historia de la humanidad. La majestuosa historia divina puede resumirse en cuatro palabras: (1) creación, (2) caída, (3) redención y (4) consumación.

En el principio, Dios creó el mundo, y lo que creó fue «muy bueno» (Gén. 1:31). Sin embargo, el pecado entró en el mundo cuando Adán y Eva desobedecieron a Dios y comieron del árbol del conocimiento del bien y del mal (Gén. 3). Esto separó a la humanidad de Dios. La relación entre ambos se quebró, no por algo que Dios hubiera hecho, sino por la decisión de la humanidad de desobedecerlo voluntariamente. No obstante, nuestro estudio no termina con las consecuencias de la caída; la historia continúa con la obra redentora de Jesucristo, que llegó a costarle la vida para que tú y yo pudiéramos pasar la eternidad con Él. En 2 Corintios 5:19, leemos: «Pues Dios estaba en Cristo reconciliando al mundo consigo mismo, no tomando más en cuenta el pecado de la gente. Y nos dio a nosotros este maravilloso mensaje de reconciliación». Dios creó un medio de restauración, de reconciliación; una manera de redimir mediante la obra de Jesús en la cruz.

APLICACIÓN PRÁCTICA:

Que Dios los bendiga
No puedo expresar con palabras mi profunda y sincera apreciación por los que sirven en el ejército y han asumido el compromiso de proteger a los ciudadanos. La valentía de estas excelentes personas me llena el corazón de gratitud. Todos los días, se ponen en peligro para defender las libertades que disfrutamos. Los motiva una profunda convicción de que ese es su propósito en la vida, y se han comprometido a cumplir este llamado con determinación y tenacidad. Estoy sumamente orgulloso de los que sirven en el ejército y de sus familias.

Es evidente
He hablado con muchos militares, que han visto de primera mano la opresión que existe en muchos lugares del mundo, y dicen que es fácil distinguir aquellos países donde la gente es realmente libre. Algunos militares han liberado pueblos de la opresión, colaborado en emprendimientos humanitarios, observado áreas hostiles, y estado a pocos metros de los ataques violentos del enemigo; y todos me han dicho que no hay nada como vivir en un país libre y democrático.

No termina jamás
Escuchar estas historias refresca mi espíritu. Pero de inmediato, recuerdo que esta libertad tiene que ser conseguida y asegurada, porque si bajamos la guardia podemos perderla. La lucha por la libertad no es solo algo que hicimos en el pasado, sino que también hoy debemos mantenernos alerta para proteger las fronteras constantemente. Cada día, hombres y mujeres ponen sus vidas en peligro para asegurar nuestra libertad.

La libertad no es gratuita
De la misma manera, la libertad espiritual que Jesucristo provee es para todo el que

se arrepienta de sus pecados y ponga su fe en el Señor para que estos le sean perdonados (ver capítulo «La salvación»). En algún momento, tienes que hacer una pausa en tu vida agitada y llegar a entender que estás en esclavitud espiritual. El único que puede redimirte de este cautiverio es Dios. Efesios 2:1-3 enfatiza que toda persona se encuentra esclava del pecado:

«Antes ustedes estaban muertos a causa de su desobediencia y sus muchos pecados. Vivían en pecado, igual que el resto de la gente, obedeciendo al diablo —el líder de los poderes del mundo invisible—, quien es el espíritu que actúa en el corazón de los que se niegan a obedecer a Dios. Todos vivíamos así en el pasado, siguiendo los deseos de nuestras pasiones y la inclinación de nuestra naturaleza pecaminosa. Por nuestra propia naturaleza, éramos objeto del enojo de Dios igual que todos los demás».

Gracias a Dios, el mensaje de libertad espiritual no termina aquí. ¡Si lo hiciera, estaríamos muertos espiritualmente y sin esperanza! Efesios 2:4-6,8-9 describe el precio que pagó Jesús para ofrecernos libertad espiritual:

«Pero Dios es tan rico en misericordia y nos amó tanto que, a pesar de que estábamos muertos por causa de nuestros pecados, nos dio vida cuando levantó a Cristo de los muertos. (¡Es sólo por la gracia de Dios que ustedes han sido salvados!). Pues nos levantó de los muertos junto con Cristo y nos sentó con él en los lugares celestiales, porque estamos unidos a Cristo Jesús. [...] Dios los salvó por su gracia cuando creyeron. Ustedes no tienen ningún mérito en eso; es un regalo de Dios. La salvación no es un premio por las cosas buenas que hayamos hecho, así que ninguno de nosotros puede jactarse de ser salvo».

Bien asegurada

Nuestra libertad espiritual tiene el mismo valor que Aquel que la proporciona. Los creyentes en Jesucristo tenemos la promesa de que nuestra libertad espiritual está segura en Él para siempre. Hebreos 7:25 explica esta promesa a los creyentes:

«Por eso puede salvar —una vez y para siempre— a los que vienen a Dios por medio de él, quien vive para siempre, a fin de interceder con Dios a favor de ellos».

Estamos espiritualmente libres del castigo de nuestro pecado (ver capítulo «La justificación») mientras Jesús siga vivo después de haber resucitado. ¡Gracias a Dios, Hebreos 7:25 nos asegura que Jesucristo «vive para siempre»! Romanos 8:33-34 afirma que ningún acusador podría argumentar algo en contra nuestra que persuadiera a Jesús de soltar a las almas redimidas: «¿Quién se atreve a acusarnos a nosotros, a quienes Dios ha elegido para sí? Nadie, porque Dios mismo nos puso en la relación correcta con él. Entonces, ¿quién nos condenará? Nadie, porque Cristo Jesús murió por nosotros y resucitó por nosotros, y está sentado en el lugar de honor, a la derecha de Dios, e intercede por nosotros».

《 LOS CREYENTES EN JESUCRISTO TENEMOS LA PROMESA DE QUE NUESTRA LIBERTAD ESPIRITUAL ESTÁ SEGURA EN ÉL PARA SIEMPRE 》.

¿Es libre tu alma?

¿Es libre tu alma de la esclavitud del pecado? Muchos quizás no crean que necesitan libertad, pero es una realidad para todos, sin importar cuán «buenos» se sientan al compararse con otros. Todos necesitamos ser liberados de esta esclavitud. Habla con alguien que haya aceptado a Cristo como Salvador y pídele que te cuente cuándo comprendió su necesidad de ser espiritualmente libre de su pecado. Acércate a alguien que creas que necesita considerar esta decisión para su vida y ayúdalo. Intentar ayudar a alguien respecto a esta cuestión espiritual en tu ámbito de trabajo, tu ciudad, tu iglesia, etc., demuestra valentía y nobleza... Y tiene valor eterno.

Estudia lo que la Biblia enseña sobre la redención

Aquí tienes otros versículos para leer sobre el tema: Juan 10:15; Romanos 3:24-25, 5:8; 1 Pedro 2:24; 1 Corintios 6:20; Gálatas 3:1; Tito 2:14.

Anótalo...

...¡y ponlo en PRÁCTICA!

Anótalo...

CAPÍTULO 18

LA KENOSIS

«Aunque era Dios, no consideró que el ser igual a Dios fuera algo a lo cual aferrarse. En cambio, renunció a sus privilegios divinos; adoptó la humilde posición de un esclavo y nació como un ser humano. Cuando apareció en forma de hombre se humilló a sí mismo en obediencia a Dios y murió en una cruz como morían los criminales».

—FILIPENSES 2:6-8

La palabra griega usada en Filipenses 2:7 para la frase «renunció a sus privilegios divinos» es *kenoō*, que significa «vaciar». La doctrina de la kenosis es fundamental para comprender la obra de Jesucristo durante Su ministerio aquí en la Tierra. Aunque Jesús estuvo activo en la época del Antiguo Testamento (Colosenses 1 afirma que creó el mundo y que lo sustenta), se lo conoce mejor por Su obra durante lo que llamamos la encarnación, cuando según Juan 1:14 «la Palabra se hizo hombre», y que se refiere al tiempo que Jesús ministró en la Tierra. Durante ese período, Jesús se vació a sí mismo, pero al considerar Su ministerio, surge la pregunta: ¿de qué se vació exactamente durante Su estadía en la Tierra?

La Biblia afirma que Jesús es completamente Dios y completamente humano. Esto se evidenció en que lo adoraban (Mat. 14:33), perdonaba los pecados (Mar. 2:5-7), y afirmaba ser igual al Padre (Juan 14:9). Además, a lo largo del Evangelio de Juan, Jesús declara repetidas veces ser el «Yo soy» del Antiguo Testamento, el nombre personal de Dios (comp. Juan 4:26, 6:35, y 14:6). En Éxodo 3:14, hay una clara referencia a Dios como el «Yo soy», cuando Moisés habla con Él frente a la zarza ardiente. Pero aunque es divino, Jesús también demuestra Su humanidad. Aunque era Dios, se cansaba y necesitaba recuperarse (Juan 4:6, Mar. 4:38), y acabó rindiendo Su vida al morir en la cruz. La doctrina de la kenosis aborda la divinidad y humanidad de Jesús.

A continuación, mencionamos tres elementos que nos ayudan a comprender mejor de qué se vació Cristo. No deben malinterpretarse, como si Jesús hubiera dejado de ser Dios mientras estaba en la Tierra, porque la deidad forma parte de Su esencia misma, y no puede negarse a sí mismo. No obstante, durante Su encarnación, Jesús hizo ciertas cosas para asegurarse de poder lograr Su cometido. Estos aspectos se enumeran a continuación:

Se sometió a las limitaciones humanas
Como ya mencionamos, Jesús se sometió a las limitaciones de la humanidad. Mientras estaba en la Tierra, padeció el cansancio y el hambre.

Se limitó a estar en un lugar a la vez
Se apoyó en el Padre para hacer milagros (Jesús oró al Padre cuando resucitó a Lázaro en Juan 11), aunque podría haberlos hecho con Su propio poder. Además, sabía solo lo que el Padre le revelaba. Esto no significa que Jesús no tuviera determinadas habilidades o atributos, sino que se sometió al Padre mientras estuvo en la Tierra.

También cambió de apariencia
En Apocalipsis, después de la encarnación y ascensión de Jesús, el apóstol Juan lo ve en el cielo y lo describe como resplandeciente y glorioso. Mientras estaba en la Tierra, la apariencia de Jesús no llamaba la atención. La profecía mesiánica de Isaías 53 afirma que «no había nada hermoso ni majestuoso en su aspecto, nada que nos atrajera hacia él». En el monte de la transfiguración (Luc. 9), podemos vislumbrar la gloria que acompaña el aspecto de Jesús, pero no era la apariencia típica del Señor en la Tierra.

Todo esto quiere decir que Jesús se humilló al venir a la Tierra, despojándose de Su gloria por mí y por ti.

APLICACIÓN PRÁCTICA:

Nunca me canso de ir a nuestro lugar de vacaciones favorito... ¡Disneylandia! Nunca pude ir cuando era niño, así que cuando hoy en día llevo a mi familia, ¡sale a relucir el niño que hay en mí! ¿Alguna vez nos cansaremos de ir? Espero que no. Aunque muchos me han dicho que el entusiasmo de ir se irá desvaneciendo, todavía espero con anticipación nuestra próxima visita. Y si alguna vez me viese tentado a dejar de ir, creo que renovaría mi entusiasmo recordando todos los hermosos momentos que hemos pasado allí en familia.

De manera similar, no quiero perder jamás mi emoción por la kenosis. Te aliento a permitir que tu mente se deleite en que Dios vino a la Tierra en forma de bebé humano para enseñarnos a vivir y para ofrecerse como el único sacrificio suficiente por nuestros pecados. Deja que este concepto sature tus pensamientos y no deje de sorprenderte. ¡Cuanto más profundices en esto, más durará tu entusiasmo sobre el profundo y milagroso amor de Dios por ti al venir a esta Tierra!

Aquí tienes algunas maneras prácticas en que la comprensión de la «kenosis» puede afectar hoy a tu forma de actuar:

1. Decide practicar la humildad

Cuando eres humilde, muestras la esencia misma del Señor Jesucristo, el Dios-hombre que vino a la Tierra con ese mismo espíritu de humildad. Sigue la receta bíblica de Filipenses 2:3-4:

«No sean egoístas; no traten de impresionar a nadie. Sean humildes, es decir, considerando a los demás como mejores que ustedes. No se ocupen sólo de sus propios intereses, sino también procuren interesarse en los demás».

Este pasaje no enseña que debemos concentrarnos en una única acción humilde y abnegada, sino que enfatiza que nuestros actos de humildad desinteresada deben ser constantes. Las palabras «ocupen» e «interesarse» de Filipenses 2:4 traducen el mismo término griego del primer siglo, y una traducción alternativa podría ser: «estén alertas a» o «siempre estén buscando». Por tanto, tenemos que proponernos ser humildes y abnegados para dar el mismo ejemplo de amor que nos enseñó Cristo mediante Su kenosis.

« CUANDO ERES HUMILDE, MUESTRAS LA ESENCIA MISMA DEL SEÑOR JESUCRISTO, EL DIOS-HOMBRE QUE VINO A LA TIERRA CON ESE MISMO ESPÍRITU DE HUMILDAD ».

2. Estudia el semblante de tu amigo

Durante el día, cuando hables o veas a un amigo por primera vez, estudia su conducta, su tono de voz y su lenguaje corporal. Escucha con atención sus palabras y el tono de voz con que las expresa. Escucha lo primero que diga (que suele ser lo más importante para él ese día). Luego, pregúntate: «¿Podré ayudar a mi amigo con mis palabras, acciones, etc.?». O más tarde, dile que observaste ese día una cualidad particular en él que valoras. También puedes contarle que oraste hoy por él. Dile específicamente cuándo oraste y qué le pediste al Señor que hiciera en su vida.

3. Practica la humildad en silencio

Cuando Filipenses 2:3 dice «no traten de impresionar a nadie», esta frase traduce una palabra del primer siglo que se refiere al deseo de actuar para promocionarse a uno mismo. Una manera de cumplir con esta receta bíblica sería adelantarte a un pedido de ayuda y conseguir el apoyo necesario antes de que la persona te lo pida. Otra forma sería encontrar a una persona que esté trabajando en una tarea y, sin decir nada, ponerte a su lado a ayudarla. También podrías orar durante el día por una persona sin hacérselo notar, etc. Es exactamente lo que hizo el Señor Jesús. Nos dejó un ejemplo a seguir:

«Pero Dios mostró el gran amor que nos tiene al enviar a Cristo a morir por nosotros cuando todavía éramos pecadores» (Rom. 5:8).

4. Dedica hoy un tiempo a alabar a Dios

¿Te has dado cuenta de que cuando la Biblia habla de la kenosis, vuelve a mencionar en seguida la alabanza que merece Cristo por realizar esta proeza sobrenatural? En Filipenses 2:9-11, leemos:

«Por lo tanto, Dios lo elevó al lugar de máximo honor y le dio el nombre que está por encima de todos los demás nombres para que, ante el nombre de Jesús, se doble toda rodilla en el cielo y en la tierra y debajo de la tierra, y toda lengua confiese que Jesucristo es el Señor para la gloria de Dios Padre».

Tómate hoy un tiempo para agradecerle a Dios por todo lo que hizo para proporcionarnos un modelo de cómo vivir y cómo honrar a Dios Padre. Dale gracias ahora mismo, no importa dónde estés. Si te encuentras en un lugar concurrido, sencillamente deja el libro un momento, mira al cielo y, en tu corazón, dile a Dios cuánto lo valoras. Recuerda, orar es simplemente hablar con Dios; así que, mientras te diriges a Él con respeto, puedes ser tú mismo. Toma tiempo para agradecerle a tu manera por las pequeñas cosas de la vida que suelen hacerte pensar en Él.

Estudia lo que la Biblia enseña sobre la kenosis
Aquí tienes otros versículos para leer sobre el tema: Filipenses 2, Juan 1:1-18, 14:9-10; Colosenses. 2:9.

Anótalo...

...¡y ponlo en PRÁCTICA!

Anótalo...

CAPÍTULO 19

EL NACIMIENTO VIRGINAL

«La doctrina que sostiene que el Espíritu Santo concibió a Jesús en el vientre de María, sin la participación de un padre humano».

—*POCKET DICTIONARY OF THEOLOGICAL TERMS*
[Diccionario de bolsillo de términos teológicos], 120

Unos 700 años antes del nacimiento de Jesús, el profeta Isaías predijo: «Muy bien, el Señor mismo les dará la señal. ¡Miren! ¡La virgen concebirá un niño! Dará a luz un hijo y lo llamarán Emanuel (que significa "Dios está con nosotros")» (Isa. 7:14). Mateo, en su biografía sobre Jesús, indica que el Señor cumplió esta profecía de Isaías al nacer (Mat. 1:22-23). Otros relatos del nacimiento de Jesús afirman lo mismo. Lucas 1 registra una terminología similar, y en el versículo 34, aparece la respuesta de María cuando el ángel Gabriel le informó que tendría un hijo: «¿Pero cómo podrá suceder esto? [...] Soy virgen». La Escritura deja claro que María era virgen cuando quedó embarazada de Jesús.

La trascendencia del nacimiento virginal es, a veces, objeto de debate. En general, lo que se cuestiona es la importancia real de la doctrina. Algunos se preguntan si era necesario que Jesús naciera de una virgen para ser el Salvador del mundo. Otros citan pasajes como Romanos 5:12-21, para indicar que Jesús tenía que nacer de una virgen para ser sin pecado. Por ejemplo, el versículo 12 se usa para sugerir que el pecado se trasmite por la simiente masculina, y por lo tanto, Jesús no tenía pecado porque fue concebido por el Espíritu Santo. Otros argumentan que no hay nada más inherentemente pecaminoso entre el hombre y la mujer, y que toda la humanidad está condenada (si no es por el poder salvífico de Jesús). De cualquier manera, la Biblia resalta la importancia del nacimiento virginal de Jesús, lo cual ayuda a demostrar la trascendencia de la doctrina. Considera la siguiente afirmación al explicar los distintos aspectos del nacimiento virginal (revisada del *Evangelical Dictionary of Theology* [Diccionario evangélico de teología]): «Él [Jesús] fue concebido en el vientre de la virgen María por el poder del Espíritu Santo sin la simiente masculina [...]. Jesús nació de verdad; se transformó en uno de nosotros» (1247-1249).

La Biblia registra el nacimiento virginal como un hecho
Cuestionar la autenticidad de la doctrina significa cuestionar la propia Escritura. Aunque podemos preguntarnos por qué Jesús tenía que nacer de una virgen, la Biblia afirma claramente que esto fue lo que sucedió.

El nacimiento virginal es testimonio del poder sobrenatural de Dios y de la naturaleza divina de la vida y el ministerio de Jesús

Hay algo sumamente único y especial en la persona de Jesús, que Su nacimiento pone aún más de relieve. El nacimiento virginal ayuda a solidificar en nuestra mente la deidad de Jesús.

El nacimiento virginal también establece la humanidad de Jesús

María fue literalmente la madre de Dios. Como afirma el Diccionario evangélico de teología al explicar los distintos aspectos del nacimiento virginal: «Él [Jesús] fue concebido en el vientre de la virgen María por el poder del Espíritu Santo sin la simiente masculina [...]. Jesús nació de verdad; se transformó en uno de nosotros».

La doctrina del nacimiento virginal nos ayuda a comprender la ausencia de pecado en Jesús

Dada la caída de la humanidad (según registra Génesis 3), todos nacemos en pecado, pero el nacimiento de Jesús fue sumamente especial y singular. Fue concebido por la virgen María, y vivió sin pecado (2 Cor. 5:21, 1 Juan 3:5).

APLICACIÓN PRÁCTICA:

La concepción y el nacimiento virginal de Jesucristo fueron todo un milagro, y no uno cualquiera sino un milagro de milagros. Mateo 1:18 comienza una descripción clara y exacta de Jesucristo con las palabras: «Este es el relato de cómo nació Jesús el Mesías». El resto del capítulo describe a Dios utilizando a seres angelicales para cumplir Sus propósitos, cómo este suceso cumplió profecías pronunciadas siglos antes, cómo orquestó Dios a la perfección Su propia entrada a la Tierra según lo había predicho mediante los profetas en el Antiguo Testamento, cómo hombres malvados intentaron matarlo de pequeño, y cómo hasta el itinerario de viaje del bebé Jesús y Sus padres se alineó a la perfección con las profecías de antaño. Juan 1:2,4,14 continúa la lista de los milagros, señalando que el bebé que María dio a luz era el mismo Dios que creó el mundo entero antes del principio de los tiempos.

Este suceso único no tuvo paralelo en la historia, y jamás se repetirá, y aunque es extremadamente difícil de comprender por nuestra mente humana, evidencia la naturaleza única de Jesucristo. Fue necesario que el Espíritu Santo lo concibiera de forma milagrosa para que tuviera una naturaleza única y sin pecado. Y esta misma naturaleza pura del Dios-hombre, Jesucristo, lo transformaría en la única persona capaz de redimir a la humanidad de su pecaminosidad.

Me sobrepasa por completo

La realidad del nacimiento virginal de Jesucristo debería hacer que todos los creyentes en Él descansaran sabiendo que los caminos de Dios son mejores que los nuestros. El profeta

Isaías lo expresó mejor: «Mis pensamientos no se parecen en nada a sus pensamientos — dice el Señor—. Y mis caminos están muy por encima de lo que pudieran imaginarse. Pues así como los cielos están más altos que la tierra, así mis caminos están más altos que sus caminos y mis pensamientos, más altos que sus pensamientos» (Isa. 55:8-9).

Confía en los caminos de Dios

Recuerdas alguna vez que no pudiste comprender el porqué de alguna situación... O por qué algo no salió como esperabas. Piensa en algún cambio de planes que no comprendiste. O en la oportunidad que no tuviste después de tanto entusiasmo. O quizás, expresaste tus sentimientos a alguien que no te respondió de la misma manera. En esos momentos, la confianza en el Dios que hace milagros debe tomar el control de tus pensamientos. Sí, es difícil desilusionarse cuando nos emocionamos con una idea o ponemos la mira en una oportunidad. Cuanto más pensamos en nuestros sueños, más comenzamos a creer que tendrían que hacerse realidad.

Confía en los tiempos de Dios

Quiero alentarte a que dejes lugar en tu forma de pensar para aceptar la intervención divina en cada plan que hagas. Prepárate para decir: «Está bien, Señor, veo que quieres que vaya para otro lado, así que volveré a empezar». Hay un proverbio bíblico que destaca que cuando hacemos planes deberíamos al mismo tiempo estar dispuestos a aceptar el plan supremo de Dios para nuestras vidas. Proverbios 16:9 afirma: «Podemos hacer nuestros planes, pero el Señor determina nuestros pasos».

« QUIERO ALENTARTE A QUE DEJES LUGAR EN TU FORMA DE PENSAR PARA ACEPTAR LA INTERVENCIÓN DE DIOS EN CADA PLAN QUE HAGAS ».

Hace falta disciplina

Hace falta verdadera disciplina espiritual para decir: «Bueno, Dios, has demostrado tu poder de manera tan convincente en el pasado, como cuando naciste de una virgen hace 2000 años y todos los milagros subsecuentes, que confiaré en que sabes lo que estás haciendo». ¿Difícil? Sí. ¿Necesario? Sin duda. Si no reflexionamos en los milagros de Dios y en Su plan providencial para nosotros, quedamos librados a nuestros mejores esfuerzos para transitar la vida. En cambio, confiar en Dios y en Sus tiempos perfectos le quita también mucha presión a la vida del creyente. No tienes por qué ser Dios. No es necesario que te preocupes por orquestar cada detalle de tu vida. Solo tienes que hacer una cosa: confiar en Dios, el mismo que ha hecho tantos milagros maravillosos en tantas vidas. ¿Vas a confiarle los detalles de la tuya?

Estudia lo que la Biblia enseña sobre el nacimiento virginal de Jesucristo

Aquí tienes otros pasajes para leer sobre el tema: Mateo 1:18, 22-25; Lucas 1:26-28; Isaías 7:14; Romanos 5:12-21; Juan 1:1-18.

Anótalo...

... ¡y ponlo en PRÁCTICA!

CAPÍTULO 20

LA RESURRECCIÓN

«La doctrina y afirmación central y fundamental de la fe cristiana es la resurrección de Jesucristo, a quien Dios levantó de entre los muertos. La resurrección de los muertos se refiere a la promesa basada en la resurrección corporal de Jesús, de que un día todos los creyentes se unirán a Cristo en la resurrección. Los creyentes serán transformados; es decir, renovados tanto en lo moral como en lo físico con cuerpos "espirituales" adaptados para la vida eterna con Dios».

—*Pocket Dictionary of Theological Terms*
[Diccionario de bolsillo de términos teológicos], 102

El cristianismo tiene su principal fundamento en la resurrección de Jesucristo. Es la premisa central de nuestra teología. En 1 Corintios 15:17, el apóstol Pablo declara: «Y si Cristo no ha resucitado, entonces la fe de ustedes es inútil, y todavía son culpables de sus pecados». Pablo reconoce la centralidad de la doctrina de la resurrección para la fe cristiana. Hay mucho debate sobre la resurrección, en parte debido a la gran importancia que la doctrina tiene para el cristianismo. Los que se oponen al cristianismo saben que sin la resurrección no hay cristianismo.

La palabra griega para resurrección es *anastasis*, que significa «levantamiento». En el contexto de la persona de Jesucristo, incluye más que la simple renovación de la vida a su estado anterior. El cuerpo resucitado de Jesús era en cierto modo el mismo que había ido a la tumba, pero también había diferencias. A veces, la gente reconocía a Jesús, pero otras no (Luc. 24:13-32). Esto es probablemente un indicio de cómo será la resurrección futura de los que seguimos a Cristo.

La importancia de la resurrección se ve en tres áreas generales. En primer lugar, es un reconocimiento de la obra sobrenatural de Dios. Muchos viven como si no hubiera un Dios a quién rendirle cuentas, pero reconocer la resurrección de Jesús indica que el individuo comprende su finitud y sus limitaciones. Si existe un Dios, entonces debemos rendirle cuentas. Creer en la resurrección indica que entendemos que somos responsables ante el Señor.

La resurrección afirma la enseñanza y el ministerio de Jesús. Es como si fuera el sello de aprobación del Padre celestial. Jesús hizo algunas declaraciones asombrosas durante Su ministerio. Recibió la adoración de la gente, afirmó ser igual al Padre, perdonar pecados e incluso que resucitaría de los muertos. La resurrección de Jesús confirma Su ministerio y Sus declaraciones.

PRAXIS

Además, señala a la resurrección futura de los que confían en Él. Motiva a los creyentes y les da fuerzas para vivir para Él en este tiempo. Al hablar de la importancia de este acontecimiento, la Biblia de estudio ESV indica: «La resurrección no es la mera afirmación intelectual de una doctrina; sino el testimonio rotundo de que Jesús reina sobre todas las cosas, y de que el poder que lo levantó de los muertos es el mismo que ayuda al cristiano a vivir la vida cristiana en la Tierra y asegura la vida eterna en el cielo» (2525-2526). Según 1 Corintios 15:53, nuestros cuerpos mortales serán transformados y jamás morirán. Gracias a la resurrección de Jesús, podemos estar seguros de Su poder salvador. En Su resurrección, el Señor literalmente salió victorioso sobre la muerte.

Por último, es importante comprender la resurrección de Jesús como un fenómeno corporal y no solo espiritual. Lo que afirma Pablo en 1 Corintios 15, puede comprenderse mejor dentro del contexto de la resurrección física y personal. El apóstol nos alienta a que esta esperanza sea nuestro consuelo. Además, las apariciones de Cristo después de morir señalan hacia una resurrección corporal, ya que comió e invitó a los apóstoles a tocar Sus cicatrices. Estos son apenas algunos ejemplos de la actividad física que Jesús realizó después de resucitar.

APLICACIÓN PRÁCTICA:

Todo verdadero creyente en Jesucristo celebra Su resurrección como la evidencia fundamental de la veracidad de Sus afirmaciones sobre sí mismo (que era Dios, el único capaz de perdonar los pecados de la humanidad, el protector espiritual de todos los que ponen su fe en Él, etc.). Esto es cierto de los verdaderos creyentes, porque la Biblia afirma con claridad que a menos que una persona crea que Jesús resucitó de entre los muertos (físicamente, después de morir en la cruz), no puede decir que cree en Él. Romanos 10:9 lo muestra claramente: «Si confiesas con tu boca que Jesús es el Señor, y crees en tu corazón que Dios lo levantó de entre los muertos, serás salvo».

Así que, además de proporcionarnos seguridad de que nuestra salvación tiene una base sólida e inquebrantable en Jesucristo, ¿qué otro efecto debería tener la resurrección en nosotros como creyentes? El apóstol Pablo respondió esta pregunta en uno de los capítulos más vívidos de la Biblia. El capítulo 15 de 1 Corintios tiene 58 versículos, los primeros 57 hablan sobre la gran realidad de la resurrección de Jesucristo. El último versículo del capítulo revela cuál debería ser nuestra reacción frente a esta maravillosa enseñanza. «Por lo tanto, mis amados hermanos, permanezcan fuertes y constantes. Trabajen siempre para el Señor con entusiasmo, porque ustedes saben que nada de lo que hacen para el Señor es inútil» (1 Cor. 15:58).

Tomadas directamente de este pasaje, aquí tienes tres maneras prácticas en que la realidad de la resurrección de Jesucristo puede afectar tu vida de manera que honre a Dios:

1. Corta tus alas

Así como se puede cortar las alas de un pájaro para restringir su vuelo, tómate el tiempo de cortar de tu vida cualquier cosa que te tiente a volar lejos de los perímetros de seguridad de Dios para tu vida. Esto es exactamente lo que quiso decir Pablo al escribir: «Por lo tanto, mis amados hermanos, permanezcan fuertes y constantes...». A la luz de la resurrección de Jesús, el apóstol simplemente te alienta a «quedarte inmóvil» en lo espiritual. En otras palabras, sé fuerte y comprométete lo suficiente como para hacer lo que sea necesario para quedarte dentro del ámbito protector de la Palabra de Dios. Si toda tu vida se apoya sobre la realidad de que Jesús resucitó de entre los muertos, entonces deberías confiar de la misma manera en Dios para las decisiones cotidianas.

《 OBSERVA LA EXPRESIÓN "CON ENTUSIASMO". ES FUNDAMENTAL, YA QUE DESCRIBE LA ACTITUD CORRECTA DE CORAZÓN QUE DEBEN TENER LOS CREYENTES PARA OBEDECER Y SERVIR A DIOS 》.

2. Sirve a Dios con entusiasmo

Después de alentar a los creyentes a permanecer dentro de la voluntad de Dios, el apóstol nos instruye: «Trabajen siempre para el Señor con entusiasmo...». Lo lógico es que si Dios hizo todo esto por nosotros, nuestro corazón esté agradecido y lleno de entusiasmo, y anhele servirlo de toda forma posible. Observa la expresión «con entusiasmo». Es fundamental, ya que describe la actitud correcta de corazón que deben tener los creyentes para obedecer y servir a Dios. Ningún cristiano que haya comprendido de verdad esta realidad maravillosa de la resurrección de Cristo verá los mandamientos, las directivas y los incentivos divinos como reglas insignificantes y restrictivas. En cambio, ¡deberíamos aceptarlos con entusiasmo como una guía espiritual proporcionada por un Dios de inmensa misericordia!

3. Vive sin reproches

En este capítulo profundo sobre la realidad de la resurrección de Jesucristo, la frase final enfatiza que ningún creyente debería lamentar servir al mismo Dios que vino a la Tierra, vivió sin pecado, fue crucificado y se levantó de entre los muertos para darnos perdón de pecados y salvación para nuestras almas. Si crees en Jesucristo, tienes que saber «... que nada de lo que [haces] para el Señor es inútil». ¡No malgastes ni un momento lamentando la decisión de poner tu vida en manos de Jesús, el Dios vivo! Obedece Su Palabra y comparte la verdad de Su resurrección con otros. Conversa sobre temas espirituales con aquellos que todavía no han puesto su fe en Cristo, para que conozcan el maravilloso regalo de salvación que hay en Él. Y aunque quizás no llegues a ver los resultados de tus esfuerzos por dar honra a Jesús, vive con la seguridad de que honrar a tu Señor jamás «es inútil».

Estudia lo que la Biblia enseña sobre la resurrección de Jesucristo
Aquí tienes otros versículos para leer sobre el tema: 1 Corintios 15; Apocalipsis 1:17-18; Mateo 28:1-8; Marcos 16:1-8; Lucas 24:1-12; Juan 20:1-10.

Anótalo...

...¡y ponlo en PRÁCTICA!

Anótalo...

SECCIÓN 5:
LA SALVACIÓN

CAPÍTULO 21

LA REGENERACIÓN

«La regeneración, o nuevo nacimiento, es una recreación interior de la naturaleza humana caída, producida por la acción misericordiosa y soberana del Espíritu Santo (Juan 3:5-8)».

—*EVANGELICAL DICTIONARY OF THEOLOGICAL TERMS*
[Diccionario de bolsillo de términos teológicos], 1000

En Juan 3, se registra una conversación entre Jesús y Nicodemo. Según la tradición de la iglesia, Nicodemo era un hombre sumamente adinerado y poderoso dentro de Jerusalén. Además, pertenecía a la secta de los fariseos, los líderes religiosos de la nación de Israel. Durante esta conversación, Jesús le dijo a Nicodemo que debía «nacer de nuevo». El apóstol Juan describe la confusión que experimentó Nicodemo ante la declaración de Jesús, al intentar comprender cómo era posible nacer por segunda vez. Nicodemo pensaba en un renacimiento físico, pero Jesús hablaba de uno que venía de arriba, o un renacimiento espiritual. Este concepto se conoce como regeneración.

Se trata de una idea que podemos encontrar a lo largo de la Biblia. El Antiguo Testamento alude a ella en pasajes como Deuteronomio 10:16, donde se insta a los lectores a circuncidar sus corazones. Pero donde aparece quizás la esencia de la regeneración más claramente es en Ezequiel 36:22-32, cuando se le dice a Israel que Dios reemplazará su corazón de piedra por uno de carne. Ezequiel 36 trata el tema de la salvación en general, y se ocupa específicamente de la nueva vida de la regeneración.

Al estudiar el tema de la regeneración, hay tres cuestiones que conviene tener en mente:

Solo Dios puede dar nueva vida
La Escritura tiene muchos ejemplos de personas que intentan acercarse a Dios por sus propios esfuerzos. La salvación es obra del Señor solamente, y viene de arriba. Ezequiel 37 es otro ejemplo de esta vida otorgada desde el cielo. En este pasaje, Ezequiel profetiza sobre un valle de huesos secos, en el que los huesos reviven gracias al Espíritu de Dios. De la misma manera, el Espíritu Santo nos otorga nueva vida en la salvación.

Respondemos mediante el arrepentimiento y la fe
Nuestra respuesta debe ser el arrepentimiento y la fe en la obra salvadora de Dios. A estos dos componentes (arrepentimiento y fe) se los podría considerar como la

salvación desde la perspectiva del individuo, y unidos constituyen lo que conocemos como conversión. Romanos 10:9-10 indica que para ser salvos, tenemos que confesar al Señor Jesucristo como Salvador y creer en Él. En cambio, la regeneración es la salvación desde la perspectiva de Dios.

El concepto de la regeneración aparece en toda la Biblia

Como ya mencionamos, la Escritura contiene esta idea en muchos pasajes, pero es importante tener en mente que la palabra en sí casi no se usa en la Biblia. En griego, el vocablo es *paliggenesia*, que significa «nueva vida» o «renovación». Solo se encuentra en Tito 3:5 y Mateo 19:28, pero el mismo concepto aparece muchas veces. Tito 3:5 (LBLA) afirma: «El nos salvó, no por obras de justicia que nosotros hubiéramos hecho, sino conforme a su misericordia, por medio del lavamiento de la regeneración y la renovación por el Espíritu Santo». La nueva vida que Dios produce es verdaderamente una obra maravillosa de Su misericordia y amor.

APLICACIÓN PRÁCTICA:

Date un baño

La noche antes de ser capturado, golpeado y crucificado, Jesús cenó por última vez con Sus mejores amigos. Durante la comida, se levantó de la mesa para realizar una tarea que les correspondía a los siervos; no a los rabinos ni a sus discípulos. Jesús lavó la suciedad de los pies de sus invitados, el polvo que habían acumulado de camino a la casa.

Los amigos de Jesús quedaron pasmados. Algunos se lo permitieron, pero uno se negó. Se llamaba Pedro. «¡No! [...] ¡Jamás me lavarás los pies!» (Juan 13:8a). A lo cual Jesús respondió: «Si no te lavo [...] no vas a pertenecerme» (Juan 13:8b). Entonces, Pedro decidió que si ser «lavado» por Jesús era lo que necesitaba, entonces quería un baño completo... ¡no solo los pies! «¡Entonces, lávame también las manos y la cabeza, Señor, no sólo los pies!». Pero Jesús comprendió la confusión de Pedro y le explicó lo que significaban Sus acciones: «Una persona que se ha bañado bien no necesita lavarse más que los pies» (Juan 13:10a). El Señor les dio a Sus discípulos una ilustración visual para describir la relación entre la «regeneración por Jesús» (un buen baño) y la «comunión diaria con Él» (lavarse los pies).

Jesús enseñó que cuando eres salvo de verdad (ver capítulo «La salvación»), ya no necesitas pedirle al Señor que vuelva a salvarte. Jesús comparó esto con darse un baño. Cuando ya te has lavado, no hace falta que te bañes otra vez. Pero señaló que cuando una persona recién bañada transitaba un camino polvoriento (en sandalias), sí necesitaba lavarse los pies. En esta analogía, el baño es la regeneración, y la limpieza de los pies es la comunión con Jesús, o el perdón cotidiano de los pecados que obstaculiza nuestra relación con el Salvador. La regeneración es lo que Dios hace al «lavarnos» por completo. Pedirle en oración que «lave tus pies» es rogarle que te perdone de tus pensamientos o acciones pecaminosas, cosas impropias para la persona regenerada.

La regeneración debe producir gratitud
Así como recibir un regalo valioso nos lleva a dar las gracias de todo corazón, recibir el regalo de la regeneración debería hacer que nuestros corazones se llenen de gratitud a Dios y la expresen en palabras, pensamientos y obras. Como vimos antes en Tito 3:5, Dios hizo un maravilloso milagro al ofrecernos la regeneración. Nos salva y nos da nueva vida únicamente por Su misericordia y Su gracia; no por nada que nosotros seamos ni por nada que hayamos hecho.

« ASÍ COMO RECIBIR UN REGALO VALIOSO NOS LLEVA A DAR LAS GRACIAS DE TODO CORAZÓN, RECIBIR EL REGALO DE LA REGENERACIÓN DEBERÍA HACER QUE NUESTROS CORAZONES SE LLENEN DE GRATITUD A DIOS Y LA EXPRESEN EN PALABRAS, PENSAMIENTOS Y OBRAS ».

Si comprendemos que hubiera sido imposible obtener la salvación por nuestra cuenta, probablemente ya no recibiremos las instrucciones divinas como reglas estrictas de parte de un Dios insensible. En cambio, veremos Sus directivas como vallas protectoras, y valoraremos la seguridad que encontramos al caminar cada día de Su mano.

La regeneración debería hacer que quieras mantener tus pies limpios
Cuando, como creyente, comprendes de verdad lo que hizo Jesús para ofrecerte la regeneración (o salvación), comienzas a desear permanecer en íntima comunión con Él, y no quieres deshonrarlo con tus palabras, obras o pensamientos pecaminosos.

La regeneración no es un «rejuvenecimiento»
Cuando nos regeneró, Dios nos cambió. No solo resucitó nuestras almas pecaminosas, sino que nos lavó y nos dio nueva vida. Esto no significa que no vayamos pecar nunca más o que no vayamos a volver deshonrar a Dios mientras vivamos en este mundo (eso no sucederá hasta que estemos algún día en el cielo con Jesús). Pero sí significa que ahora tenemos poder sobre el pecado, y no tenemos por qué seguir obedeciéndolo, sino que depende de nosotros en cada momento. ¡Y todo esto gracias a lo que Dios hizo para regenerar nuestras almas!

Te aliento a leer y meditar en una de las descripciones más vívidas de lo que Dios hizo por nosotros en la regeneración:

Efesios 2:1-10

«Antes ustedes estaban muertos a causa de su desobediencia y sus muchos pecados. Vivían en pecado, igual que el resto de la gente, obedeciendo al diablo —el líder de los poderes del mundo invisible—, quien es el espíritu que actúa en el corazón de los que se niegan a obedecer a Dios. Todos vivíamos así en el pasado, siguiendo los deseos de nuestras pasiones y la inclinación de nuestra naturaleza pecaminosa. Por nuestra propia naturaleza, éramos objeto del enojo de Dios igual que todos los demás. Pero Dios es tan rico en misericordia y nos amó tanto que, a pesar de que estábamos muertos por causa de nuestros pecados, nos dio vida cuando levantó a Cristo de los muertos. (¡Es sólo por la gracia de Dios que ustedes han sido salvados!) Pues nos levantó de los muertos junto con Cristo y nos sentó con él en los lugares celestiales, porque estamos unidos a Cristo Jesús. De modo que, en los tiempos futuros, Dios puede ponernos como ejemplos de la increíble riqueza de la gracia y la bondad que nos tuvo, como se ve en todo lo que ha hecho por nosotros, que estamos unidos a Cristo Jesús. Dios los salvó por su gracia cuando creyeron. Ustedes no tienen ningún mérito en eso; es un regalo de Dios. La salvación no es un premio por las cosas buenas que hayamos hecho, así que ninguno de nosotros puede jactarse de ser salvo. Pues somos la obra maestra de Dios. Él nos creó de nuevo en Cristo Jesús, a fin de que hagamos las cosas buenas que preparó para nosotros tiempo atrás».

Estudia lo que la Biblia enseña sobre la regeneración

Aquí tienes otros versículos para leer sobre el tema: 1 Pedro 1:23; Efesios 2:1-10; Tito 3:4-7; Juan 3:3-8.

Anótalo...

...¡y ponlo en PRÁCTICA!

Anótalo...

CAPÍTULO 22

LA JUSTIFICACIÓN

«Pregunta: ¿Qué es la justificación? Respuesta: Es un acto de la libre gracia de Dios, por el cual Él perdona todos nuestros pecados, y nos acepta como justos delante de Él, mas esto solamente en virtud de la justicia de Cristo, la cual nos es imputada, y que recibimos por la fe únicamente».

—Catecismo menor de Westminster

Ser justificado es ser «declarado justo». Alguna vez he escuchado decir que ser justificado es ser como alguien que jamás hubiera pecado. Esta puede ser una definición sencilla de recordar pero, por desgracia, no representa de forma acertada el significado bíblico de la palabra «justificado». Desde una perspectiva escritural, significa «ser declarado justo». Es un término legal que aparece en la Biblia y que tiene más que ver con nuestra posición ante Cristo que con nuestras experiencia terrenal. Wayne Grudem, en *Bible Doctrine* [Doctrina bíblica], define la justificación como «un acto legal instantáneo de Dios mediante el cual (1) ve nuestros pecados perdonados y nos adjudica la justicia de Cristo, y (2) nos declara justos a Sus ojos» (488).

La palabra adquirió un nuevo significado para mí tras hablar con dos amigos abogados. Me explicaron que, desde un punto de vista legal, se puede hallar a un acusado «no culpable» de determinado crimen, pero eso no significa que sea «inocente». De manera similar, todos fuimos condenados delante de Dios, y desde luego, no somos inocentes. La Biblia afirma que esto se debe a nuestro pecado y que, con el tiempo, moriremos. Pero la buena noticia es que Jesús estuvo dispuesto a dar Su vida por nosotros, aun cuando estábamos muertos en nuestros pecados (Rom. 5:8).

Uno de los pasajes bíblicos clave para explicar la importancia de la justificación se encuentra en 2 Corintios 5. En el versículo 21, el apóstol Pablo explica que Cristo, que nunca pecó, cargó con nuestros pecados para que los pecadores como nosotros pudiéramos ser justos (justificados) en Jesús. La palabra griega es *dikaiosynē*, que indica que la persona está en una posición correcta ante Dios. Este es el centro del evangelio, y el mensaje que los cristianos son llamados a proclamar. Otros pasajes sumamente importantes sobre la justicia y la justificación divinas, aparecen a lo largo del libro de Romanos. El apóstol Pablo demuestra que todas las personas están condenadas ante un Dios santo, y que no hay ni un solo justo (Rom. 3:10). No obstante, la salvación está a nuestro alcance mediante la obra de Jesucristo. Mientras estábamos en nuestros pecados, Jesús murió por nosotros (Rom. 5:8). Esta idea maravillosa aparece en Romanos 3:23-24. El versículo 23 afirma que todos pecamos, pero el 24 declara que hemos sido «justificados gratuitamente» (LBLA) por la gracia de Dios. ¡Una verdad increíble, digna de consideración!

Otra verdad en la que vale la pena reflexionar es que la justificación debe entenderse como algo que ocurre de forma instantánea. Es decir, una persona es declarada justa en un instante. Aunque puede haber un proceso que lleva a ese momento, hay un punto definido en el tiempo en que un individuo pasa de estar condenado por Dios (y ser Su enemigo) a ser declarado justo por Él (y convertirse en un hijo de Dios). Y esto no por nada que hayamos hecho, sino por el poder salvador de Jesús y la gracia divina.

APLICACIÓN PRÁCTICA:

Un sermón predicado por el fallecido reverendo E. V. Hill en una iglesia de Illinois, destaca algo sencillo pero profundo:

«Puedes tener paz política, paz económica, paz social, paz doméstica... toda clase de paz. Pero quizás hay alguien hoy aquí que escucha mi voz y no tiene la seguridad de tener paz con Dios» (parafraseado).

La justificación no implica que nunca más volveremos a cometer errores. Sin duda, lo haremos. Por fortuna, la justificación proporciona la seguridad de que esos errores no pesarán lo suficiente como para quitarte de la amorosa familia de Dios. Una vez que Dios te justifica, eres perdonado y ya no tienes que cargar con el castigo por tu pecado. Por lo tanto, los errores y pecados que cometes después de ser justificado deberían servir como un recordatorio aleccionador de que hasta que estés en el cielo con Dios y lejos de toda influencia pecaminosa, siempre serás tentado a deshonrar al misericordioso Señor que justificó tu alma. Aunque hayas sido justificado, debes pedirle perdón al Señor constantemente por no actuar como quien verdaderamente eres: un hijo de Dios.

No pasa un día sin que recuerde que estoy en paz con Dios. Al mismo tiempo, todos los días reconozco algo en mi vida que podría mejorar para mostrarle mi gratitud por haber salvado mi alma.

Aquí tienes cuatro maneras prácticas en que tu comprensión de la justificación puede conseguir que honres más a Dios con tu vida:

1. Un vistazo al baúl de los recuerdos
Todas las semanas, toma un momento para pensar en cómo sería tu vida si el Señor no te hubiera justificado. Reflexionar sobre estas cosas te ayudará a recordar el milagroso poder de Dios. Ten cuidado de no volverte insensible al cambio que el Señor hizo en tu vida. Incluso si tu corazón dice: «¡Espera!

¿Por qué querría estar siempre revolviendo heridas pasadas?», ten en cuenta que no se trata de eso. No repases los detalles sórdidos de tu pasado, sino concéntrate en el poder misericordioso de Dios, en Su gracia, Su amor y Su perdón, que cambiaron para siempre tu vida. Recuerda este principio: «No puedes cambiar el pasado, ¡pero puedes cambiar su significado!».

《 AUNQUE HAYAS SIDO JUSTIFICADO, DEBES PEDIRLE PERDÓN AL SEÑOR CONSTANTEMENTE POR NO ACTUAR COMO QUIEN VERDADERAMENTE ERES: UN HIJO DE DIOS 》.

2. Vuelve a comenzar cada noche
No te vayas a dormir sin tomar un momento para recordar todo lo que has avanzado con la ayuda de Dios. Refrescar cada día tu perspectiva espiritual sobre tu vida puede ser una motivación poderosa para mantenerte alejado del pecado. Apocalipsis 2:5a enfatiza esta práctica cuando afirma: «¡Mira hasta dónde has caído! Vuélvete a mí y haz las obras que hacías al principio». En este versículo se nos ordena que recordemos («¡Mira hasta dónde has caído!»), nos arrepintamos («Vuélvete a mí»), y practiquemos actitudes que honren a Dios («haz las obras que hacías al principio»).

3. Descansa aunque los demás estén ansiosos
Este mundo está lleno de ansiedad. Los sucesos actuales hacen que muchos estén nerviosos y se pregunten qué sucederá a continuación o dónde terminará todo. Aunque tenemos que ser buenos administradores de lo que el Señor nos ha encomendado (por ejemplo, la familia, las finanzas, el trabajo, las relaciones, etc.), no tenemos que estar demasiado ansiosos por las incógnitas de la vida. La justificación nos da seguridad porque sabemos en quién descansa nuestro destino eterno. Así que concentrémonos en las verdades universales sobre las que Dios quiere que edifiquemos nuestra seguridad; es decir, quién es Él y lo que ha hecho por nosotros al justificarnos. Y si podemos confiar nuestras almas eternas a Su cuidado, también podemos confiar en que dirija nuestro camino en este mundo lleno de misterios.

4. Comparte tu secreto
Cuando comprendes el maravilloso regalo que nos ha hecho Dios al justificarnos, lo más natural es querer compartir la historia de tu transformación con los demás. Sigue las instrucciones sencillas que Jesús mismo le dio a un hombre que acababa de experimentar el perdón de sus pecados: «... Ve a tu casa y a tu familia y diles todo lo que el Señor ha hecho por ti y lo misericordioso que ha sido contigo» (Mar. 5:19).

Estudia lo que la Biblia enseña sobre la justificación
Aquí tienes otros versículos para leer sobre el tema: Efesios 2:8; Romanos 3:21-26, 8:30-33; Colosenses 3:13-15.

Anótalo...

...¡y ponlo en PRÁCTICA!

CAPÍTULO 23

LA SANTIFICACIÓN

«Una obra progresiva de Dios y el ser humano que nos hace cada vez más libres del pecado y más parecidos a Cristo en nuestras vidas».

—WAYNE GRUDEM, *Bible Doctrine* [Doctrina bíblica], 493

Ser santificado es ser «puesto aparte». Se trata de un concepto que aparece tanto en el Antiguo como en el Nuevo Testamento, y que a menudo tiene aspectos positivos y negativos. El término en sí puede relacionarse con personas, lugares, e incluso objetos específicos. Para los propósitos de nuestro estudio, nos concentraremos en la importancia del concepto para los individuos. En un sentido positivo, la persona santificada es «apartada» para Dios, de forma que Él pueda hacer una obra especial a través de ella. La nación de Israel debía ser apartada para Jehová con el fin de convertirse en un ejemplo para el resto del mundo. Deuteronomio 7:6 describe a Dios dirigiéndose a la nación de Israel para comunicarles que debian ser un pueblo santo. Si el aspecto positivo de la santificación es ser apartado para Dios, entonces desde un punto de vista negativo, la persona debe ser apartada del mal. Ser santo, o justo, es darle la espalda al pecado. Pablo le recuerda a Timoteo que huya de las pasiones juveniles y busque la justicia (2 Tim. 2:22).

Analicemos el concepto de la santificación tal y como aparece en el Antiguo Testamento. La palabra hebrea utilizada es *qadowsh*. Significa ser santo, apartado, o consagrado. Levítico 20:26 utiliza este término para describir a Dios, y para indicar que debemos ser santos. Isaías comunica una idea similar cuando clama: «¡Todo se ha acabado para mí! Estoy condenado, porque soy un pecador. Tengo labios impuros, y vivo en medio de un pueblo de labios impuros; sin embargo, he visto al Rey, el SEÑOR de los Ejércitos Celestiales» (Isa. 6:5).

En el Nuevo Testamento, aparece el mismo concepto en la palabra griega *hagios*, que significa «algo santo» o «un santo». En 1 Pedro 1:15, vemos la misma idea que en Levítico 20:26 sobre la necesidad de ser santo. Efesios 5:25-27 afirma que la Iglesia (el conjunto de seguidores de Jesús) fue santificada por la obra de Cristo. Muchos otros pasajes del Nuevo Testamento se hacen eco de esta misma idea, que incluso aparece en la manera en que el apóstol Pablo se dirige a los cristianos que reciben sus cartas. Su saludo suele ser a los «santos». Por ejemplo, ver Romanos 1:7 o Efesios 1:1 (LBLA).

Otra consideración es que la santificación es un proceso. Es importante recordar que Dios nos ayuda con nuestras debilidades, y que siempre está obrando para hacernos más parecidos a Jesús. Muchos teólogos hacen referencia a los tres aspectos de la santificación. En el momento de la conversión, la persona es «separada» para Dios (este aspecto tiene que ver con el pasado). Después de la salvación, la santificación es un proceso que se prolonga durante toda esta vida (este es el aspecto presente de la santificación). Finalmente, algún día estaremos con Jesús en el cielo, y en ese momento estaremos completamente apartados para Dios (el aspecto futuro). Así que, respecto a la santificación, notarás que el debate puede concentrarse en los aspectos pasado, presente o futuro de la doctrina, lo cual afecta a la manera en que deberíamos interpretar ciertos pasajes de la Escritura.

« ES IMPORTANTE RECORDAR QUE DIOS NOS AYUDA CON NUESTRAS DEBILIDADES, Y QUE SIEMPRE ESTÁ OBRANDO PARA HACERNOS MÁS PARECIDOS A JESÚS ».

APLICACIÓN PRÁCTICA:

¿Alguna vez alguien te invitó encarecidamente a participar de una comunidad, un club o un evento? Después de pensarlo mucho, accediste. Entonces, cuando se acercaba el día, comenzó a entusiasmarte la idea de conocer gente, hacer nuevos amigos y aprender más sobre la comunidad a la que habías decidido integrarte. Pero cuando llegas al gran evento, la persona que te rogó que participaras se limita a recibirte con una sonrisa, te expresa su alegría de verte, te dirige a la mesa de refrigerios y no vuelve a hablarte durante el resto de la noche. Así que quedas librado a tu ingenio para averiguar más sobre los que te rodean, y tienes que navegar por las aguas sociales por tu cuenta. Sin previo aviso, tienes que tomar la iniciativa de hablar con los demás en lugar de que vengan a hablar contigo. Sin embargo, más tarde esa noche, hallas consuelo al ver que tu amigo le hace lo mismo a los demás invitados que buscó para que se unieran a esa comunidad.

He experimentado situaciones similares, y siempre me hizo preguntarme: «¿Le importaré de verdad a esta persona como amigo? ¿O lo único que le interesaba era cumplir con la cuota de invitados, pero no se interesaba en mí como persona?». Lo bueno es que Dios NO trata así a los que toman la decisión de aceptar a Jesucristo como Salvador personal.

En el momento de la salvación (es decir, justificación), Dios promete no dejarte solo jamás. Y a diferencia de un anfitrión indiferente al que solo le importa cuántas personas llenan un salón, Dios tiene un interés personal en tu madurez espiritual, y en la manera en que se desarrollan tus sentimientos y emociones en tu travesía espiritual. Apenas rindes tu voluntad a Su amor y Su gracia salvadora, Él promete que «no te fallará ni te abandonará» (Deut. 31:6,8; Jos. 1:5; 1 Rey. 8:57; 1 Crón. 28:20; Sal. 27:9; Jer. 18:14; Heb. 13:5). Este interés y cuidado espiritual que Dios provee a todo creyente en Cristo se llama «santificación».

La santificación es un nombre que muchos usan para describir cómo el Espíritu Santo comienza a hablar, enseñar y guiar a cada creyente en Jesús una vez que mora dentro del corazón de la persona. A veces, Dios usa la convicción de pecado para hacer que el creyente se detenga antes de tomar una decisión que podría deshonrar a Dios o dañar a la persona. En otras ocasiones, Dios habla al corazón del individuo para que obedezca al Señor en lugar de seguir el consejo humano. Otras veces, Dios alinea Su guía con Su propia Palabra, la Biblia. Cuando el creyente siente que su corazón se inclina a actuar o a pensar de una manera que está perfectamente en línea con las enseñanzas bíblicas, sabe que la instrucción viene de Dios, y no de sus propios pensamientos. Por tanto, el fundamento de la madurez espiritual en la vida del creyente es la Escritura.

Felizmente, Dios promete que este nivel de atención, amor y guía jamás se acabará para tu vida como creyente en Jesucristo. «Y estoy seguro de que Dios, quien comenzó la buena obra en ustedes, la continuará hasta que quede completamente terminada el día que Cristo Jesús vuelva» (Fil. 1:6).

A la luz del compromiso de Dios contigo, tú también debes hacer tu parte y recibir de buena gana Su perfecta guía. Aquí tienes algunos pasos espirituales que dar para experimentar la guía perfecta de Dios:

1. No ignores la guía de Dios
Debes estar siempre abierto a lo que el Señor tenga que decirte cuando quiera guiarte en determinada área. Tal vez el momento te parezca inoportuno (o directamente terrible), ¡pero confía en el corazón del Dios que ha prometido que «no te fallará ni te abandonará»!

2. Mantente sensible a la guía de Dios
En pocas palabras: cuanto más obedezcas al Señor, más sensible te volverás a Su guía. Cuanto más lo deshonres con tus acciones y pensamientos, más te insensibilizarás a Su vital guía espiritual.

3. Lee a diario y ora en todo momento
La Biblia está aquí para santificarnos. Contiene los fundamentos para examinar toda decisión, pensamiento y obra. Así que lee y medita en la santa Palabra de Dios todos los días. Y ora a lo largo del día; recuerda lo que leíste y pídele a Dios: «Ayúdame a madurar hoy».

4. No pretendas ser un superhéroe espiritual de la noche a la mañana
Este objetivo solo te desalentará. Como un entrenador experto, Dios te presionará, te motivará, te instruirá y, si es necesario, te confrontará con fuerza para lograr que hagas lo que debes hacer para fortalecerte en la fe. No obstante, el objetivo es volverte más fuerte de lo que eras ayer. Puedes estar orgulloso de este progreso... Así que concéntrate en crecer diariamente un poco más en la santificación.

Estudia lo que la Biblia enseña sobre la santificación
Aquí tienes otros versículos para leer sobre el tema: 1 Corintios 1:18; Romanos 6:17-18; 2 Corintios 3:18, 7:1; Filipenses 3:21; Levítico 20:26.

Anótalo...

... ¡y ponlo en PRÁCTICA!

Anótalo...

CAPÍTULO 24

LA PROPICIACIÓN

«Una ofrenda que aleja la ira que Dios dirige al pecado. Según el Nuevo Testamento, Dios proporcionó una ofrenda que quita la ira divina, porque en amor, el Padre envió al Hijo como propiciación (o sacrificio expiatorio) por el pecado humano (1 Juan 4:10)».

—*Pocket Dictionary of Theological Terms*
[Diccionario de bolsillo de términos teológicos], 96

Debido al pecado (ver Génesis 3), el ser humano quedó separado de Dios. Pero antes de que la historia pudiese mejorar, aún debía empeorar más. No solo se produjo una separación entre nosotros y Dios, sino que la humanidad quedó enfrentada a su Creador, hasta el punto de que la ira divina se encendió en contra de todos nosotros. La Biblia afirma que no podemos hacer nada para recuperar nuestra buena relación con Dios. De haber un buen candidato para ganarse la salvación, ese habría sido el apóstol Pablo. En Filipenses 3, Pablo describe su «justicia» según sus propias habilidades. Menciona que nació en una buena familia, en la nación correcta, tenía la vocación adecuada y cumplió con diligencia las reglas de su religión. No obstante, declara que todas estas cosas no tienen sentido sin Jesús. Reconoce que no son ellas las que producen la verdadera justicia... la justicia del único Dios verdadero. Comprende que sin la salvación de Jesús, está destinado a experimentar la ira de Dios.

Aquí entra en escena el mensaje del evangelio (que significa «buena noticia»). Tú y yo estamos destinados a ser destruidos... no importa cuán buena sea nuestra familia, ni cuánto intentemos servir a Dios con nuestras propias habilidades. A menos que alguien intervenga, merecemos la ira de Dios. Romanos 1:18 afirma: «Pero Dios muestra su ira desde el cielo contra todos los que son pecadores y perversos, que detienen la verdad con su perversión». Esto significa que toda la humanidad está bajo la condenación del pecado y está destinada a sufrir Su ira.

Pero la historia no termina con nuestro castigo por el pecado. No termina sin esperanza. La obra abnegada de Jesús en la cruz aplacó las exigencias de la ley. El sacrificio de Jesús pagó el precio por nuestros pecados. La palabra bíblica para esta forma de satisfacer a Dios es «propiciación». El vocablo griego es *hilasmos*, que significa «un apaciguamiento». Jesús aplacó la ira de Dios al morir en la cruz. En 1 Juan 4:10, leemos: «En esto consiste el amor verdadero: no en que nosotros hayamos amado a Dios, sino en que él nos amó a nosotros y envió a su Hijo como sacrificio para quitar nuestros pecados». La palabra «propiciación» se usa solo un par de veces en el Nuevo Testamento (ver también 1 Juan 2:2 LBLA; Rom. 3:25 LBLA; Heb. 2:17 LBLA), pero el concepto aparece por todo el Nuevo Testamento. Se enfatiza en la obra de Jesús en la cruz, y es el punto central del evangelio. Quizás, la mejor representación de la idea de propiciación aparece en 2 Corintios 5:21, donde el apóstol Pablo declara: «Pues Dios hizo que Cristo, quien nunca pecó, fuera la ofrenda por nuestro pecado, para que nosotros pudiéramos estar en una relación correcta con Dios por medio de Cristo». Los que siguen a Jesús, siguen a un Salvador que pagó el precio supremo para que pudiéramos tener vida eterna junto a Él. Jesús entregó Su vida como sacrificio expiatorio (propiciación) por nuestros pecados.

《 LOS QUE SIGUEN A JESÚS, SIGUEN A UN SALVADOR QUE PAGÓ EL PRECIO SUPREMO PARA QUE PUDIÉRAMOS TENER VIDA ETERNA JUNTO A ÉL 》.

APLICACIÓN PRÁCTICA:

El mejor regalo de todos

¿Cuál fue el mejor regalo que recibiste cuando eras pequeño? ¿Una bicicleta nueva? ¿Unas vacaciones en familia a Disneylandia? ¿Una fiesta de cumpleaños sorpresa? ¿Un juguete o accesorio que habías esperado durante mucho tiempo? Sería agradable escuchar lo que te viene a la mente al recordar uno de los mejores regalos que recibiste cuando eras pequeño.

¿Qué me dices de tu adolescencia? ¿Recuerdas algún regalo memorable? ¿Una remodelación de tu cuarto (decorado específicamente como pediste)? ¿Una nota de amor de parte de esa personita con la que soñabas? ¿Las llaves de un auto viejo y hermosísimo, todo para ti? Estoy seguro de que si tuviéramos tiempo, podríamos reírnos un rato de las cosas que una vez valoramos tanto.

Ahora, ¿qué me dices de tu vida adulta? ¿Qué regalo memorable te hicieron hace poco? ¿Un obsequio original de parte de uno de tus hijos, hecho de fideos secos, lanas de colores y un nudo triple que casi no te pasaba por la cabeza cuando intentaste ostentar con orgullo tu nuevo collar? ¿Un premio, una carta alentadora, o un reconocimiento por tu importante contribución al trabajo, la iglesia o la comunidad? ¿El regalo de tu cónyuge, que se ocupó de las tareas de la casa para que pudieras disfrutar del tiempo libre para hacer lo que quisieras? Es increíble cómo cambia nuestra lista de «regalos maravillosos» con el tiempo.

¿Quién te lo regaló?

Ahora, volvamos a estas preguntas y recordemos... ¿QUIÉN te hizo esos regalos? En algunos casos, apuesto que fue un padre, un abuelo, un ser querido, un cónyuge o un amigo íntimo. Es más, me pregunto si en los ejemplos anteriores, dirías que lo «maravilloso» fue el regalo en sí, o si, en realidad, fue quien lo hizo lo que lo transformó en algo tan especial y memorable.

¿Estaba en tu lista?

Ahora, la pregunta final: En alguna de tus listas anteriores de regalos memorables, ¿mencionaste a alguien que «recibió un castigo de algo que tú merecías» como uno de los mejores regalos de tu vida? Todo creyente en Jesucristo es el beneficiario de este regalo supremo: que Jesucristo, el único sin pecado, pagara el castigo de nuestras culpas al sufrir una espantosa muerte en la cruz. Cuanto más pensamos en lo que habría sido nuestra vida sin el perdón y la paz con Dios (la propiciación), más agradecidos estamos por semejante regalo inmerecido de Su parte.

Veamos qué se siente

Hay una manera sumamente práctica de no dejar de valorar el pago de Jesús por nuestros pecados... ver qué se siente. No sugiero que, literalmente, vayas y aceptes la culpa de tus compañeros de trabajo y tus amigos. Pero una manera práctica de tener presente lo maravilloso del regalo de la salvación que nos hizo Jesús es imaginar que te ofrecen aceptar el castigo de los errores de otra persona. Después de un par de veces de imaginar esta situación, comenzarás a sentir cuánto dolor y sufrimiento experimentarías. Imagina lo que sucedería si irrumpieras en una situación real y dijeras: «Perdón. Esto es culpa mía. ¡Cúlpame a mí, no a él!». Tu corazón replicaría: «Un momento, ¡qué molestia para mi vida!... No es justo... No me lo merezco... ¡Qué tontería!... Que se las arregle solo...». Por ejemplo, si pasas por la noche junto a un oficial de policía que detuvo un vehículo, te detienes justo cuando descubren botellas abiertas de alcohol, y dices: «Disculpe, oficial. Este es mi auto, y todo esto es mi culpa». El policía te cree y deja ir al verdadero ofensor. Tú eres un ciudadano que cumple la ley, pero te llevan preso para pagar por el crimen de otra persona. Ahora, imagina cómo sería tu vida social si aceptaras cumplir todas las horas de castigo de tus antiguos compañeros de la escuela secundaria. O considera cómo te sentirías si te encerraran de por vida por un crimen que no cometiste, pero aceptaste voluntariamente la sentencia en lugar de otra persona que ni siquiera conoces. Es más, esa persona ni siquiera fue a visitarte ni te dio las gracias. Y peor aún, no tuvo inconveniente en maldecir tu nombre y acusarte de no tener amor.

Si eres como yo, probablemente volverías a la realidad en ese momento... los sentimientos son demasiado profundos y los pensamientos demasiado perturbadores. Pero si te tomas en serio este escenario, podrás vislumbrar cuánto amor tuvo Jesucristo cuando cargó sobre sí el castigo de tus pecados. Además, comprenderás mejor el amor del Dios del universo por ti.

Sigue leyendo
¡Te aliento a leer ahora mismo el capítulo «La conversión», y descubrir cómo puedes responder al impresionante regalo que Jesucristo nos hizo a ti y a mí! Te darás cuenta de la inmensa misericordia que entrañaba la situación de la que hablamos antes y te proporcionará una imagen de la gran compasión que siente aún hoy Dios por ti.

Considera estudiar más versículos referentes al concepto de propiciación
Aquí tienes otros versículos para leer sobre el tema: 1 Juan 2:2; Romanos 3:25-26; Levítico 4:15; Hebreos 2:17.

Anótalo...

...¡y ponlo en PRÁCTICA!

Anótalo...

CAPÍTULO 25

LA CONVERSIÓN

«Nuestra respuesta voluntaria al llamado del evangelio, por la cual
nos arrepentimos con sinceridad de nuestros pecados y colocamos
nuestra confianza en Cristo para salvación».

—Wayne Grudem, *Bible Doctrine* [Doctrina bíblica], 481

La palabra griega comúnmente usada para la salvación es *sōtēria*, que significa «liberación» o «salvación». Hay muchos términos teológicos asociados con este concepto, incluyendo palabras como regeneración, conversión y santificación. La siguiente definición del *Pocket Dictionary of Theological Terms* [Diccionario de bolsillo de términos teológicos] sobre «conversión» presenta una visión general sumamente útil:

«Un término general que se refiere al encuentro inicial del individuo con Dios en Cristo, el cual resulta en la recepción de la misericordiosa provisión salvadora de Dios. Algunos de los cambios que supone la conversión incluyen un cambio en el corazón, de estar muerto en pecado a estar vivo en Cristo (regeneración, Juan 1:12-13); un cambio de estado, de ser culpable delante de Dios a ser inocente (justificación, Rom. 3:21-31); un cambio de relación, de ser un marginado y enemigo a ser hijo y amigo de Dios (adopción y reconciliación, 1 Juan 3:1; Col. 1:20). La conversión comienza la travesía del discipulado, mediante la cual la persona que solía ser esclava del pecado es liberada por el Espíritu Santo para santificación» (30).

Como los conceptos de la regeneración y la santificación se tratan en otra parte de este libro, nos concentraremos en la conversión. Hay cuatro consideraciones a tener en cuenta respecto a este concepto:

La conversión incluye a toda la persona

Esto supone el intelecto, las emociones y la voluntad. En lo que se refiere a la salvación y la conversión, el proceso afecta a la totalidad de la persona. La conversión no es una mera decisión intelectual, como si llegáramos a Dios mediante la razón. No es solo una decisión espiritual, como si fuéramos salvos con solo sentir dolor y remordimiento. No es una simple decisión que tomamos de seguir a Jesús. La salvación incluye todos estos componentes: mediante la obra de Jesús y la nueva vida que proporciona el Espíritu Santo.

El arrepentimiento es más que sentirse mal

En 2 Corintios 7:10, el apóstol Pablo habla de un arrepentimiento piadoso y una tristeza mundana. La palabra griega usada en el pasaje para «arrepentimiento» es *metanoia*, que significa «cambio de actitud». Muchos sienten tristeza por el pecado. Tal vez se sientan mal por herir a otra persona, o porque los atraparon haciendo algo malo, pero esa sensación de remordimiento no tiene nada que ver con la *metanoia*. La idea de un «cambio de actitud» sugiere ir en otra dirección; apartarse del pecado y acudir a Dios.

La fe es un regalo de Dios

La fe es un regalo de Dios, y no un resultado de nuestras obras (Ef. 2:8-10). Este concepto bíblico aparece muchas veces en la Escritura, y deberíamos recordar que es Dios quien nos da la fe para que creamos en Él. La palabra griega es *pistis*, que significa tener convicción sobre la verdad de algo.

El fruto es el resultado de la salvación, no su causa

En Santiago 3, se nos enseña que la fe sin obras está muerta. Es importante recordar que Santiago hablaba de las obras realizadas después de la salvación, no de obras que llevasen a ella. Muchas religiones del mundo enseñan que para alcanzar la salvación, la persona tiene que hacer algo; que tú y yo debemos ganarnos nuestro lugar en el cielo. La Biblia cuenta una historia diferente: enseña que para ser salvos, no podemos depender de nuestros medios, sino que tenemos que entregarnos por completo a Dios. También enseña que solo Dios puede producir la salvación en nuestras vidas. El apóstol Pablo lo deja bien en claro cuando habla sobre la salvación en su carta a los romanos, en especial en Romanos 3:28: «Así que somos declarados justos a los ojos de Dios por medio de la fe y no por obedecer la ley».

APLICACIÓN PRÁCTICA:

Es difícil pensar en un concepto que sea más importante comprender para el ser humano, que el de su necesidad de recibir perdón por sus pecados y de que su alma sea salva del castigo del pecado por el Señor Jesucristo. Algunos lo comprenden muy temprano en la vida. A otros les lleva mucho tiempo aceptar las enseñanzas de la Biblia, hasta que por fin rinden su voluntad a Dios y le piden que los perdone por sus pecados y salve sus almas. Otros le piden a Dios que los salve de su pecaminosidad momentos antes de emitir el último aliento. Y, por desgracia, hay quienes jamás aceptan a Jesús como el único que puede ofrecer perdón por sus pecados. Algunos dentro de este último grupo ni siquiera llegan a reconocer que su alma necesita salvación.

Me pregunto dónde te encuentras en esta lista de personas. ¿Alguna vez escuchaste el mensaje de tu necesidad de salvación, pero lo ignoraste? ¿Has pensado en la verdad de que toda la humanidad necesita ser salvada por Dios? ¿O prefieres ignorar esa realidad desviando tu atención a otra cosa, para no pensar al respecto? ¿Estás evitando tomar la decisión de aceptar a Jesucristo como Salvador personal? ¿Te has sumergido en actividades, trabajo y vida social para no tener que pensar en las repercusiones de decidir rechazar a Jesús? ¿Estás luchando con cuestiones espirituales en este momento? O tal vez, al recordar cuánto hace que dijiste que considerarías estas cosas, te das cuenta de que ya han pasado años. Y, para ser sinceros, nunca has determinado cuándo tomarás esta decisión... ¡o quizás no piensas tomarla jamás! ¿Alguna vez te desilusionaron las palabras o acciones de alguien que afirmaba ser «cristiano»? ¿Sigues citando el horrible testimonio de esta persona como ejemplo, y es la razón por la que no has puesto tu fe en Jesús? Es triste pero cierto; algunos cristianos son muy mal ejemplo, pero su fracaso es completamente irrelevante para tu propia decisión de aceptar a Cristo. Tal vez no hayas experimentado una batalla espiritual dentro de tu alma. Quizás seas amable, gentil y te sientas realizado en tu vida profesional. Dirías que, en esencia, llevas una «buena» vida, pero en realidad nunca abordaste la cuestión espiritual de la salvación. ¿Te has concentrado en llevar una vida encomiable aquí en lugar de evaluar cómo será tu vida en la eternidad? O quizás, tu historia es diferente a todos estos escenarios. Sin importar cuál sea tu situación personal, la Biblia deja algo en claro: toda persona debe tomar una decisión personal respecto a su vida espiritual.

«¿TE HAS CONCENTRADO EN LLEVAR UNA VIDA ENCOMIABLE AQUÍ EN LUGAR DE EVALUAR CÓMO SERÁ TU VIDA EN LA ETERNIDAD?»

Un análisis necesario del regalo de salvación que Dios te hace
No importa dónde te encuentres en la vida, te animo a tomar un momento para considerar la verdad sobre cómo puedes saber que te es posible tener paz con Dios:

1. Romanos 3:23 enseña que todos los seres humanos están «perdidos» espiritualmente.
Como no podemos alcanzar la santidad de Dios (no estamos a Su altura), todos tenemos pecado en el corazón y seremos castigados por ese pecado, y no hay NADA QUE COMO SERES HUMANOS PODAMOS HACER PARA EVITARLO, entonces, ¡estamos perdidos y sin esperanza! Así que para ser «salvo», primero tienes que darte cuenta de que estás perdido.

2. Romanos 6:23 enseña que todos merecemos el castigo de Dios por ese pecado.
Como Dios es santo (perfecto y sin pecado), debe castigar el pecado... no hay otra opción. No puede «hacer la vista gorda» o dejarlo pasar. Tiene que castigar el pecado, y lo hará.

3. Efesios 2:8-9 y Tito 3:5 enseñan que no podemos salvarnos a nosotros mismos.

Si este fuera el final de la historia, NO habría esperanza, NI paz, NI consuelo, NI gozo, NI salvación para ti o para mí. ¡Pero afortunadamente, Dios nos ofrece aceptar Su don gratuito de la salvación!

4. ¡Romanos 5:8 nos asegura que no toda la esperanza está perdida!

¡ES posible estar en paz con Dios!

5. Romanos 10:9-10 condensa lo que necesitamos creer para recibir la salvación de Dios:

(1) Reconocer tu condición pecaminosa; (2) ¡creer que Jesús es Dios!; (3) creer que el sacrificio de Jesús fue suficiente para pagar por nuestros pecados; (4) creer que Cristo se levantó físicamente de entre los muertos, probando así que puede conquistar tanto la muerte física como la espiritual; (5) ¡confiar en Su promesa de salvarte!

Te aliento a pedirle hoy mismo a Dios que te perdone tu pecado y salve tu alma

Sencillamente ora (es decir, habla con Dios) y declara que aceptas todo lo que la Biblia enseña sobre la salvación (arriba). ¡Luego, toma un momento para agradecerle por salvar tu alma! Después, te animo a que compartas tu decisión con otro cristiano, para que alguien más pueda caminar junto a ti en esta travesía espiritual. Sigue leyendo este libro para descubrir la influencia práctica que puede tener la Biblia sobre tu manera de vivir.

Estudia lo que la Biblia enseña sobre la necesidad de experimentar la salvación en tu propia vida

Aquí tienes otros versículos para leer sobre el tema: Hebreos 11; Hechos 9:1-30, 4:12; Juan 10:1-21; Efesios 2:8-10.

Anótalo...

...¡y ponlo en PRÁCTICA!

Anótalo...

SECCIÓN 6:

LA IGLESIA

CAPÍTULO 26

EL BAUTISMO

«El bautismo es adecuado solo cuando la persona muestra
una profesión creíble de fe en Jesucristo».
—WAYNE GRUDEM, *Bible Doctrine* [Doctrina bíblica], 480

«Bautismo» viene del vocablo griego *baptisma*, que significa «inmersión» o «sumersión». Es una doctrina fundamental para el sistema de creencias del cristianismo, pero aun así, se ha debatido dentro de las comunidades evangélicas durante cientos de años. La práctica en sí tiene un respaldo escritural sólido; hasta se registra cómo Juan el Bautista bautizó al mismo Jesús (ver Mat. 3 y Luc. 3). La Biblia habla del bautismo físico de las personas, pero también se refiere a su importancia espiritual. Además, el bautismo se usa de manera simbólica en la Escritura. Considera Romanos 6:4: «Pues hemos muerto y fuimos sepultados con Cristo mediante el bautismo; y tal como Cristo fue levantado de los muertos por el poder glorioso del Padre, ahora nosotros también podemos vivir una vida nueva». Cada vez que un creyente es bautizado, se proclama la crucifixión y resurrección del cristiano junto con Cristo.

En el Nuevo Testamento, los creyentes que profesaban su fe en el Jesús resucitado eran bautizados enseguida. Fijémonos en la historia de Felipe y el viajero etíope en Hechos 8. En este relato, Felipe le explica Isaías 53 al etíope, y este manifiesta su fe en Jesús. A continuación, se registra que el viajero señala: «¡Mira, allí hay agua! ¿Qué impide que yo sea bautizado?» (Hech. 8:36). Hechos 10 registra otra experiencia de conversión; la del centurión romano Cornelio. Después de confesar su fe en el Jesús resucitado, todos estos individuos fueron bautizados.

Tal vez te preguntes por qué el bautismo genera controversia si está tan claramente establecido en la Biblia. Los desafíos no surgen de la enseñanza en sí, sino más bien de su implementación y significado. Algunos sugieren que el acto mismo del bautismo salva. Esto indicaría que si no se bautiza, una persona no puede ser salva. Otros sugieren que no importa la manera en que una persona es bautizada. Esto lleva a practicar lo que se conoce como bautismo por «aspersión», o a derramar agua sobre la cabeza de la persona en lugar de sumergirla. Otros creen que es necesario bautizar a los bebés, como señal de su participación en el reino de Dios.

Con todo esto en mente, veamos rápidamente lo que afirma la Escritura sobre el bautismo. Al parecer, la Biblia lo presenta como una demostración exterior de una realidad interior. Jesús lo prescribe (Mat. 28:19) y también los apóstoles (Hech. 2:38). Como sugiere Wayne Grudem: «Afirmar que el bautismo o cualquier otra acción es necesaria para ser salvo es decir que la fe sola no justifica, sino que hace falta alguna clase de "obra", la obra del bautismo» (384). Al hablar sobre los distintos aspectos de la conversión y la justificación, es evidente en la Escritura que la persona es justificada (declarada justa) no por nada que haga, sino por la obra de Jesús. El bautismo debe verse como un acto de obediencia y de identificación con la asamblea de creyentes, pero no como algo que salva al individuo.

APLICACIÓN PRÁCTICA:

De regreso a la escuela
No sé qué tiene el jardín de infancia, pero ese año parece ser uno de los más memorables de todo el ciclo escolar. Tal vez se deba a todas las experiencias que trae el primer año oficial de escuela: la primera vez lejos de la familia todo un día (o medio día), la primera vez que conocemos gente que vive más lejos que el vecino, el primer almuerzo que puedes acomodar a tu gusto, la primera vez de luchar con la tentación de «¿le digo... o no le digo a mamá que le cambié a un compañero el asqueroso sándwich de atún y pepinillos por su bolsa de papas fritas de crema agria y cebolla y un dulce?». (No me pregunten de dónde saqué estas opciones tan particulares de menú... lo que sucede en el jardín de infancia, ¡se queda en el jardín de infancia!).

Pero lo más probable es que el jardín de infancia haya dejado su marca indeleble en nuestra mente porque por primera vez fuimos responsables de comunicar nuestros propios pensamientos y sentimientos a los demás sin que otra persona hablara por nosotros. Tuvimos la oportunidad de hablar solos con nuestra maestra adulta, de negociar con nuestros nuevos amigos y descubrir eso maravilloso que se llama independencia.

«Muestra y describe»
Había un momento en el que podíamos utilizar todas estas nuevas habilidades en una sola experiencia: el momento de «Muestra y describe». Podíamos llevar un objeto desde casa a la escuela y presentarlo exactamente como pensábamos que debía ser descrito. Sin el escrutinio de los padres, podíamos expresar nuestros sentimientos al respecto y la historia detrás de ese objeto. Y luego, nos felicitaban por nuestro excelente desempeño y nos alentaban a seguir así.

Me parece que el bautismo es similar al «muestra y describe». En el bautismo, le cuentas a tu manera a un mundo que observa, el cambio que Dios ya hizo en tu vida. Lo

MÁS ALLÁ DE LA TEORÍA

que Dios ya hizo en lo profundo de tu corazón se proclama para que todos lo vean, y puedan escuchar tu historia y comprender por qué te bautizas.

《 EN EL BAUTISMO, LE CUENTAS A TU MANERA A UN MUNDO QUE OBSERVA, EL CAMBIO QUE DIOS YA HIZO EN TU VIDA 》.

Aquí tienes algunas formas prácticas en que el concepto de «bautismo» puede hoy a tu forma de obrar:

1. Celebra a los nuevos creyentes

Si los ángeles se regocijan cuando un pecador recibe el perdón de pecados y la salvación de Jesucristo, ¿nosotros no deberíamos entusiasmarnos también? Lucas 15:10 afirma: «De la misma manera, hay alegría en presencia de los ángeles de Dios cuando un solo pecador se arrepiente». En muchas grandes iglesias de hoy, a menudo solo nos enteramos de que alguien aceptó a Cristo como Salvador personal muchos días después... cuando se bautiza. Así que cuando alguien se bautiza, ¡debería ser una gran celebración! ¡No dejes de demostrar tu entusiasmo por alguien que ha decidido mostrarle al mundo su vida cambiada en Jesucristo! Hazle una fiesta. Aliéntalo a ir a tu casa y hablar de su transformación de vida con otros amigos y familiares. Que tus hijos presencien el bautismo de tu amigo, para que puedan recibir una imagen poderosa de su transformación en un hijo de Dios.

2. Pídele a otros que te describan el momento de su bautismo

Pregunta cuándo y dónde fue, y cuánto esperó para bautizarse tras aceptar a Cristo como Salvador personal. Si pasó un tiempo entre entregarse a Jesús y ser bautizado, pregunta sobre la razón de esta demora. ¿Le tenía miedo al agua? ¿Acaso algún familiar incrédulo no quería que se bautizara? ¿No conocía la importancia de ser bautizado como nuevo creyente en Jesucristo? Al hacer esta clase de preguntas a las personas, puedes descubrir algunas objeciones comunes que te ayudarán en el futuro cuando hables sobre el tema del bautismo.

3. Considera bautizarte

A los pocos minutos de investigar el tema, descubrirás que el bautismo era un anuncio y un proceso de iniciación a un sistema de creencias. Verás que había distintas clases de «bautismo», incluso en religiones paganas. Algunos usaban agua y otros distintas formas de bautizar. Así que, aunque el concepto del bautismo no fue exclusivo del cristianismo, lo que el bautismo declara sobre la persona es profundo. ¿Has aceptado a Jesucristo como Salvador personal? Si es así, ¿te has bautizado para anunciar en público tu decisión de poner tu fe en Jesucristo? Pídele a un pastor, profesor o amigo cristiano que te indique qué hacer.

Estudia lo que la Biblia enseña sobre el bautismo
Aquí tienes otros versículos para leer sobre el tema: Romanos 6; Mateo 3:13-17; Marcos 1:9-11; Lucas 3:21-23.

Anótalo...

...¡y ponlo en PRÁCTICA!

Anótalo...

CAPÍTULO 27

LA CENA DEL SEÑOR

«Mientras comían, Jesús tomó un poco de pan y lo bendijo. Luego lo partió en trozos, lo dio a sus discípulos y dijo: "Tómenlo y cómanlo, porque esto es mi cuerpo". Y tomó en sus manos una copa de vino y dio gracias a Dios por ella. Se la dio a ellos y dijo: "Cada uno de ustedes beba de la copa, porque esto es mi sangre, la cual confirma el pacto entre Dios y su pueblo. Es derramada como sacrificio para perdonar los pecados de muchos"».

—Mateo 26:26-28

Horas antes de Su arresto, juicio y crucifixión, Jesús compartió la última cena con Sus discípulos. Esta comida es sumamente significativa, tanto en el contexto del Antiguo Testamento como en el del Nuevo Testamento. Era la cena de la Pascua, una comida para recordar la milagrosa liberación del pueblo de Dios (Israel) de Egipto (ver Éxodo 11-12). Los judíos devotos debían celebrar la Pascua según las normas del Antiguo Testamento (Deut. 16:1-8). Esta fue la comida que Jesús celebró con Sus discípulos. No obstante, tomó un significado más amplio cuando el Señor dijo que el pan era Su cuerpo y el vino Su sangre.

Aunque suele debatirse el significado exacto de las palabras de Jesús, parece claro que utilizó el pan y el vino como símbolos de Su sacrificio por los pecados del mundo. Así como el cordero pascual era un sacrificio sin mancha ni defecto, Jesús también sería ofrecido como el sacrificio perfecto por los pecados de la humanidad. Quería asegurarse de que Sus seguidores siempre recordaran el significado de Su obra en la cruz.

El apóstol Pablo considera la importancia de la Cena del Señor cuando desafía a sus lectores a participar de este recordatorio... pero solo tras haberse examinado para asegurarse de participar con la motivación correcta (ver 1 Cor. 11). Incluso menciona que había gente enferma en la iglesia, y algunos hasta habían muerto, por tener una actitud indiferente al participar de la Cena del Señor.

La Cena del Señor es considerada por muchas iglesias cristianas como uno de los dos únicos sacramentos (el bautismo es el otro). Los sacramentos son actos externos que conllevan un significado simbólico para los creyentes. Uno no es salvo por tomar la Cena del Señor, así como tampoco lo es al bautizarse. Pero estos dos sacramentos son pasos de obediencia a los mandatos de Jesús, y se realizan para conmemorar Su obra.

R. S. Wallace ilustra la importancia de la Cena del Señor en su explicación en el *Evangelical Dicionary of Theology* [Diccionario evangélico de teología]. En la entrada sobre la Cena del Señor, afirma lo siguiente: «En la Cena del Señor, hay una renovación constante del pacto entre Dios y la iglesia. La palabra «memoria» (*anamnesis*) no se refiere solo a que el ser humano se acuerde del Señor, sino también a que Dios recuerda a Su Mesías, el pacto y la promesa de restaurar el reino. En la Cena del Señor, todo esto se lleva ante Dios en verdadera oración intercesora» (705). Jesús recibe honra cuando Su pueblo recuerda Su muerte, sepultura y resurrección al observar la Cena del Señor.

APLICACIÓN PRÁCTICA:

Acumuladores de recuerdos
Siempre que viajo, intento comprar una o dos baratijas para colocar en la estantería de mi oficina. Estos adornos me recuerdan mis distintos viajes. Hasta hoy, al mirarlos recuerdo detalles de cada uno de ellos: su duración, las emociones que sentí al estar allí, y el paisaje único de cada destino. Por ejemplo, tengo una taza de una cafetería de Israel, el talón del recibo que me permitió entrar al edificio Empire State en Nueva York, una pelotita de relleno suave de uno de los pabellones de países del parque temático Epcot, de Disney World, una hermosa fotografía de mis hijos tomados de la mano mientras caminaban frente a mí en uno de nuestros lugares favoritos de vacaciones. Cada una de estas reliquias me recuerda la experiencia y el significado de los distintos viajes.

Mientras estoy en el trabajo, suelo ponerme a mirar estos objetos. Me relaja, y los recuerdos me hacen sonreír... hasta recuperar el equilibrio en mi vida personal. Mi colección me recuerda que el trabajo es una parte vital de la vida, y que es honorable trabajar con ahínco. Así también, tengo que esforzarme para que mi vida familiar tenga la misma importancia. Como resultado, a menudo les digo a mis estudiantes que no me molesta que saquen una nota regular en clase, mientras que se aseguren de mantener calificaciones excelentes en su vida familiar. Es bueno recordar que la vida es más que solo el momento presente.

No te olvides de recordar
La noche antes de ser crucificado en una cruz, Jesús cenó por última vez con Sus amigos más cercanos. Les recordó el sacrificio que estaba a punto de hacer por ellos. Durante los tres años anteriores, Jesús les había prometido que resucitaría de entre los muertos. Así que esa oscura noche, se propuso recordarles una vez

más que no solo sufriría, sino que también resucitaría. También hizo referencia a Su regreso final a la Tierra, para lo cual debería abandonar este mundo después de resucitar. Aunque los detalles de la conversación no hayan sido demasiado claros para los discípulos, algo era seguro: Dios tenía más planes para después de la crucifixión de Jesucristo.

《 NO ME MOLESTA QUE SAQUEN UNA NOTA REGULAR EN CLASE, MIENTRAS QUE SE ASEGUREN DE MANTENER CALIFICACIONES EXCELENTES EN SU VIDA FAMILIAR. ES BUENO RECORDAR QUE LA VIDA ES MÁS QUE SOLO EL MOMENTO PRESENTE 》.

Al saber que lo que estaba a punto de hacer cambiaría el mundo para siempre, Jesús encargó a Sus amigos que realizasen habitualmente algo que los ayudara a recordar la importancia de Su sacrificio en la cruz. Quería que todos los cristianos, desde los de la iglesia primitiva hasta los de hoy, participaran con regularidad en el sacramento de la Cena del Señor. Quería que ellos (y nosotros) recordáramos ese momento con Sus discípulos en el aposento alto, y el sacrificio que hizo en la cruz (1 Cor. 11:24-26).

Nota mental
A todos los creyentes les corresponde no solo recordar, sino también valorar la bondad de Dios en sus vidas. Si crees en Jesucristo, te aliento a que consideres prioritaria tu participación en la Cena del Señor cada vez que la iglesia a la que asistes recuerde a Jesús de esta manera. Te animo a tomarte el tiempo necesario para reflexionar y darle gracias a Dios por salvar tu alma, guiarte por la vida con Su Palabra, y por poder tener una relación personal con Él, el Dios del universo.

Además, te aliento a recordar con claridad momentos específicos en que Dios te enseñó una lección imborrable para la vida, te abrió los ojos a Su verdad en una situación específica o influyó en tu forma de pensar de una manera que nunca imaginaste. Tal vez puedas anotar en un diario o en la tapa de tu Biblia los milagros que has experimentado. Puede ser útil anotar lo que quisieras pedirle en oración a Dios. Después, guarda una copia de esa nota en un lugar seguro, para recordar con claridad exactamente lo que le pediste a Dios... y cómo te respondió en esa situación. Sin embargo, recuerda que aunque estas anotaciones y reliquias pueden ser preciosas para ti, son solo objetos. Y aunque los verás una y otra vez en el futuro, ten en mente que no es la ceremonia ni la práctica de anotar la que te libra de los problemas, sino el Dios personal a quien le escribes, que proporciona paz y consuelo para tu vida.

Estudia lo que la Biblia enseña sobre la Cena del Señor

Aquí tienes otros pasajes para leer sobre el tema: Mateo 26:26-30; Marcos 14:22-26; Lucas 22:14-20; 1 Corintios 11:23-26.

Anótalo...

...¡y ponlo en PRÁCTICA!

Anótalo...

CAPÍTULO 28

EKKLESIA/LA IGLESIA

«En cambio, hablaremos la verdad con amor y así creceremos en todo sentido hasta parecernos más y más a Cristo, quien es la cabeza de su cuerpo, que es la iglesia. Él hace que todo el cuerpo encaje perfectamente. Y cada parte, al cumplir con su función específica, ayuda a que las demás se desarrollen, y entonces todo el cuerpo crece y está sano y lleno de amor».

—Efesios 4:15-16

La iglesia existe para preparar a los seguidores de Cristo (Ef. 4:11-12). La única y verdadera Iglesia universal está formada por creyentes de toda procedencia, trasfondo y afiliación denominacional. El término griego es *ekklēsia*, que significa los «llamados fuera» o «congregación». Originalmente, la palabra se aplicaba a una reunión de personas, pero en Mateo 16:18, Jesús dijo que Él construiría Su Iglesia; Él construirá Su clase de congregación. La iglesia no es un edificio, ni un pastor, ni excelentes programas musicales. La iglesia es la congregación, la iglesia es la gente.

La primera iglesia registrada en el Nuevo Testamento no tenía edificio ni programa específico a seguir, pero se tenían los unos a los otros, y estaban comprometidos a reunirse. Pero, ¿por qué se juntaban, y cuál era el significado de esa reunión? Al leer el libro de Hechos, comprendemos mejor lo que sucedía en la iglesia. Allí se describe lo que ocurrió en la época de la iglesia primitiva. Uno de los pasajes clave a considerar se encuentra en Hechos 2:42: «Todos los creyentes se dedicaban a las enseñanzas de los apóstoles, a la comunión fraternal, a participar juntos en las comidas (entre ellas la Cena del Señor), y a la oración». Algunos elementos fundamentales aparecen en este versículo, y se ha utilizado para diversos libros y sermones, pero para lo que nos concierne, hay un asunto relevante. Observa las primeras tres palabras del versículo: «Todos los creyentes...».

Existe un debate constante sobre quién forma parte de la congregación. ¿Quiénes son las personas que forman la asamblea de Dios? De este texto y otros en el Nuevo Testamento, parece claro que la iglesia es un grupo de creyentes. Entonces, el propósito es que la asamblea de cristianos se reúna y se dedique a la obra de Dios, para Su gloria. Combinemos esta noción de la iglesia como grupo de creyentes con lo que leemos en Efesios 4:11-12. Este pasaje indica que Dios le dio «a la iglesia: los apóstoles, los profetas, los evangelistas, y los pastores y maestros. Ellos tienen la responsabilidad de preparar al pueblo de Dios para que lleve a cabo la obra de Dios y edifique la iglesia, es decir, el cuerpo de Cristo». ¿Observaste por qué Dios proveyó los apóstoles, los profetas, los evangelistas y los pastores y maestros? Para preparar a los santos para la obra del ministerio.

A menudo, pensamos que los líderes de la iglesia (el pastor, el líder de jóvenes, el director de alabanza) deberían ser los que ministrasen a un mundo que se pierde. Pero en realidad, nosotros (los que simplemente asistimos a la iglesia) deberíamos ser los que hacemos la obra del ministerio. La responsabilidad del liderazgo de la iglesia es prepararnos a ti y a mí para llevar a cabo la misión de Dios aquí en la Tierra.

La iglesia debería acompañar a la persona, edificarla y alentarla en su fe, pero es importante recordar que la iglesia está compuesta por individuos. Si te preocupa que no se esté haciendo determinada cosa, lo más probable es que Dios quiera que guíes a otros en ese ministerio. La iglesia refleja colectivamente lo que somos en lo individual. No quiero decir con esto que solo podamos hacer en conjunto aquello que podemos hacer también solos. Sino que no podemos esperar que los líderes (a quienes a menudo se percibe como «la iglesia») hagan algo que nosotros no estamos dispuestos a hacer como individuos (los que formamos la mayoría de «la iglesia»).

APLICACIÓN PRÁCTICA:

«¿Quién sale primero?»
A principios del siglo XX, el dúo de humoristas Abbott y Costello hizo famosa la pieza corta basada en un juego de palabras titulada «Who's on first» [Quién sale primero]. Los personajes de la historia se llamaban «Quién», «Qué», y «Cuál», y esto generaba una conversación graciosa cuando intentaban hablar sobre algún individuo en particular. La historia comienza a complicarse porque los nombres de las personas (Quién, Qué, o Cuál) se usan de diversas maneras en el diálogo. Cuando se hace la sencilla pregunta: «¿Quién sale primero?», la respuesta es «Quién sale primero» (el nombre del personaje es «Quién»). «Eso es lo que pregunto: "¿Quién sale primero?"». «Eso es. Él sale primero». Cuanto más hablan, más confusión se genera. Abbott y Costello terminan exacerbados y la audiencia se ríe de toda la escena.

«¿Quién es la "iglesia"?»
A menudo, he encontrado el mismo nivel de confusión cuando las personas intentan hablar del concepto de «la iglesia». Cuando pregunto «¿Cuál es la iglesia?», recibo toda clase de respuestas. «Es ese edificio que hay allí… y allí… y el de la vuelta de la esquina». Otros afirman que solo algunas denominaciones representan a la verdadera iglesia. Según la Biblia, la «iglesia» es un título que se le otorga a la persona que ha aceptado a Jesús como su Salvador personal (ver capítulo «La salvación»). Inmediatamente después de ser salva, esa persona forma parte de la «iglesia» de Dios.

Derriba las paredes
Cuando Dios mira al mundo, ve dos clases de personas: los que han puesto su fe en Jesucristo y han recibido el perdón por sus pecados, y los que no han puesto su fe en Jesucristo ni han recibido perdón por sus pecados. Los que aceptaron a Jesús como Salvador son miembros de «la iglesia» (es decir, de la «familia de Dios», son «hijos de Dios» o miembros de «la familia de la fe», según Gálatas 6:10). Y los que no han aceptado a Jesús como Salvador no forman parte de Su familia. Recuerda, todos somos criaturas de Dios, pero no todos somos Sus hijos... hasta que ponemos nuestra fe en Jesucristo como Salvador (ver capítulo «La salvación»).

Así que, cuando veas el edificio de una iglesia en una esquina, imagina que las paredes desaparecen y puedes ver en su interior las almas de todas las personas que se congregan allí. Todos los que aceptaron a Cristo como Salvador forman parte de la verdadera iglesia de Dios. Y los que no lo han aceptado, no son parte de Su iglesia... ¡por más que estén en medio del edificio de la congregación!

La verdadera iglesia de Dios puede afectar tu vida de forma práctica hoy de la siguiente manera:

1. Haz crecer la familia
Nuestro objetivo es hacer crecer la familia de Dios. Así que habla con otros sobre cómo pueden formar parte de la iglesia.

《 DEBERÍAS DISFRUTAR DE LAS VECES EN QUE LA "FAMILIA DE DIOS" LLENA LOS VACÍOS QUE NUESTRAS PROPIAS FAMILIAS FÍSICAS NO HAN SABIDO (O PODIDO) SUPLIR **》**.

2. Ama a tu nueva familia
Si aceptaste a Cristo como Salvador, ¡has sido adoptado a una segunda familia! Una familia que tiene que reflejar el amor que tu Padre celestial te tiene: incondicional, libre de pecado y eterno. Dios se toma esta relación de familia muy en serio. Tú también deberías hacerlo. Deberías disfrutar de las veces en que la "familia de Dios" llena los vacíos que nuestras propias familias físicas no han sabido (o podido) suplir. Con razón la Biblia usa tantas analogías basadas en la familia cuando habla de la relación entre los creyentes: «Por lo tanto, siempre que tengamos la oportunidad, hagamos el bien a todos, en especial a los de la familia de la fe» (Gál. 6:10). «No los abandonaré como a huérfanos; vendré a ustedes» (Juan 14:18). «Dios decidió de antemano adoptarnos como miembros de su familia al acercarnos a sí mismo por medio de Jesucristo. Eso es precisamente lo que él quería hacer, y le dio gran gusto hacerlo» (Ef. 1:5). «Así que ahora ustedes, los gentiles, ya no son unos

desconocidos ni extranjeros. Son ciudadanos junto con todo el pueblo santo de Dios. Son miembros de la familia de Dios» (Ef. 2:19). «Los que han nacido en la familia de Dios no se caracterizan por practicar el pecado, porque la vida de Dios está en ellos» (1 Juan 3:9a).

3. Participa activamente de tu familia espiritual

Hebreos 10:25 nos anima a no abandonar, evitar ni ignorar la compañía de nuestra familia espiritual porque puede proporcionar un grado único de edificación y aliento. «Y no dejemos de congregarnos, como lo hacen algunos, sino animémonos unos a otros...» (Heb. 10:25).

4. Encuentra una congregación local de creyentes y disfruta de la familia

Así como te alentamos al hablar de «la membresía en la iglesia», te animamos a encontrar una congregación local de creyentes con quienes «compartir la vida». Así como nuestras familias físicas son parte constante de nuestras vidas, la familia de Dios es una fuente de aliento, rendición de cuentas y edificación que debería ser un ingrediente en la vida de toda persona espiritualmente madura toda la semana, no solo los domingos.

Estudia lo que la Biblia enseña sobre el significado bíblico de la *ekklesia* (iglesia)
Aquí tienes otros versículos para leer sobre el tema: Efesios 4:7-16; Hechos 2:40-47; 1 Corintios 12:12; Apocalipsis 19:8; Efesios 5:22-32.

Anótalo...

...¡y ponlo en PRÁCTICA!

Anótalo...

CAPÍTULO 29

EL LIDERAZGO EN LA IGLESIA

«Un anciano es un administrador de la casa de Dios, y debe vivir de manera intachable. No debe ser arrogante, ni iracundo, ni emborracharse, ni ser violento, ni deshonesto con el dinero. Al contrario, debe recibir huéspedes en su casa con agrado y amar lo que es bueno. Debe vivir sabiamente y ser justo. Tiene que llevar una vida de devoción y disciplina. Debe tener una fuerte creencia en el mensaje fiel que se le enseñó; entonces podrá animar a otros con la sana enseñanza y demostrar a los que se oponen en qué están equivocados».
—Tito 1:7-9

Hay mucha controversia en torno a la autoridad dentro de la congregación. Por lo general, el problema no tiene que ver con la autoridad de Jesús sobre la iglesia, ya que Efesios 5:23 deja claro que Cristo es la cabeza de Su cuerpo. Pero el tema se vuelve más complicado cuando de lo que se trata es de la cuestión de la autoridad pastoral. Algunas denominaciones afirman que la autoridad dentro de la iglesia descansa sobre una sola persona. Estas iglesias tienen una forma episcopal de gobierno eclesiástico, y usan ejemplos como el del apóstol Pablo para defender su postura de que debe haber un solo obispo o líder en la iglesia (ver Tito 1:5 y Hech. 14:23).

Otras iglesias alegan que después de la autoridad de Jesús, la autoridad dentro de las congregaciones locales descansa sobre un grupo de líderes (a menudo llamados ancianos). Es una forma representativa de gobierno eclesiástico que se conoce como el modelo presbiteriano de la iglesia. Ejemplos de esta iglesia representativa aparecen en 1 Tesalonicenses 5:12-13 y Hebreos 13:17. Otras iglesias rechazan la idea de que haya una sola persona (obispo) al mando, y también la de un grupo de líderes (ancianos) con autoridad sobre la congregación. Este tercer grupo cree en una forma de gobierno eclesiástico de tipo congregacional, basada en la noción del sacerdocio de todos los creyentes (ver 1 Ped. 2:9 y Hech. 15:22).

Con toda esta controversia y desacuerdo en cuanto a la autoridad dentro de la iglesia, hay algunas cosas que la Iglesia universal de Jesús debería recordar cuando las iglesias interactúan unas con otras.

Jesús es la cabeza de la Iglesia
Ya hablamos de esto, pero vale la pena repetirlo. Cristo es la cabeza suprema de la Iglesia, y aunque tú y yo podamos no estar de acuerdo sobre donde reside la autoridad

en el ámbito de cada congregación, tendríamos que aceptar que, en última instancia, Jesús debe verse como la autoridad de la iglesia.

La rendición de cuentas es importante para el funcionamiento del cuerpo de Cristo

Es importante tener en mente que toda congregación local debe tener sistemas de rendición de cuentas. Esto vale tanto para las iglesias con un gobierno congregacional como para las gobernadas por ancianos: los líderes tienen que asegurarse de ser fieles a las palabras de Jesús en la Escritura. También se aplica a las iglesias gobernadas por un obispo, donde una sola persona está a cargo del resto. En cualquiera de las tres opciones, los que están en puestos de liderazgo tienen que rendir cuentas por sus acciones.

La misión de la iglesia es capacitar a los santos para proclamar el evangelio al mundo

Puede parecer que nos estamos desviando del tema, pero en realidad, es sumamente importante mantener en vista el propósito de la iglesia (la congregación de creyentes) al hablar del liderazgo y la autoridad en la iglesia. Cualquier iglesia y su gobierno se arriesgan a dejarse absorber por detalles y perder de vista su razón de ser como congregación local. La iglesia debe preparar a los santos para la obra del ministerio (Ef. 4), y como individuos, tenemos una gran responsabilidad de compartir el evangelio al mundo que nos rodea (Mat. 28:18-20).

APLICACIÓN PRÁCTICA:

No es para los que se acobardan fácilmente

Dentro de la comunidad de creyentes, hay un segmento que lleva una carga más pesada de responsabilidad que los demás: los líderes de la iglesia. Santiago advierte a los creyentes que no se apresuren a entrar en el liderazgo sin pensarlo detenidamente y orar al respecto. La razón es que sus acciones serán analizadas con mucha más severidad que las de aquellos que no tienen una posición de liderazgo dentro de la iglesia. Santiago 3:1 afirma: «Amados hermanos, no muchos deberían llegar a ser maestros en la iglesia, porque los que enseñamos seremos juzgados de una manera más estricta». En Hechos 6:3b, Lucas nos recuerda que los líderes de la iglesia fueron escogidos por ser «muy respetados, [...] llenos del Espíritu y de sabiduría. A ellos les daremos esa responsabilidad». En 1 Timoteo 3 y Tito 1, el apóstol Pablo recuerda a todos los líderes las demás aptitudes que se les exigen.

A Dios no le impresiona la placa con el nombre que figura en la puerta de un líder, sino que le importa su conducta y cómo cumple con sus responsabilidades. Así que aun si el líder ofrece su tiempo voluntariamente y no recibe compensación por su trabajo en la iglesia, y más allá de si tiene o no un cargo oficial en la iglesia, o si participa de los servicios habituales de la congregación, todo líder, cualquiera que sea su cargo, es responsable de dar lo mejor de sí mismo en la tarea de guiar a la comunidad de creyentes según la Palabra de Dios.

Conoce a los líderes de la iglesia

Dedica tiempo a conversar con los líderes de tu congregación. Aprende de los que los conocen. Pídeles a otros que te cuenten el impacto que han tenido estas personas en sus vidas. Al hacerlo, te colocas en su lugar y descubres no solo lo que han hecho por otros, sino también cuán profundo es su compromiso con la salud espiritual de los creyentes de la comunidad.

Ora por tus líderes

No hay mejor regalo para los líderes de tu iglesia que una ofrenda de oración por ellos. Cuando los conozcas más, podrás orar con mayor diligencia por ellos. Cuanto más descubras todo lo que hacen por la comunidad de creyentes, más podrás pedirle a Dios que los fortalezca para el futuro. Puedes orar por su vitalidad espiritual en el estudio de la Palabra de Dios cada día. Puedes orar para que permanezcan sensibles al Espíritu Santo y sepan exactamente lo que Dios quiere que le digan al próximo creyente que se les acerque a pedir consejo espiritual. Es necesario orar por ellos, porque este nivel de madurez espiritual no surge en forma natural ni con facilidad.

《 NO HAY MEJOR REGALO PARA LOS LÍDERES DE TU IGLESIA QUE UNA OFRENDA DE ORACIÓN POR ELLOS 》.

Honra a los líderes de la iglesia

Dios ha designado líderes espirituales en nuestra vida para darnos ejemplos humanos de cómo obedecer a Dios en la vida cotidiana. Es una tarea difícil y llena de desafíos la de dirigir al pueblo de Dios, pero Él ha llamado a muchos a hacerlo. Por lo tanto, valóralos, anímalos y obedéceles mientras le den a la iglesia un ejemplo que honre a Dios. En 1 Corintios 11:1, Pablo dijo lo siguiente de su propio liderazgo: «Y ustedes deberían imitarme a mí, así como yo imito a Cristo». Las palabras clave son «como yo imito a Cristo». Aunque es verdad que incluso los líderes de la iglesia se equivocan (también son humanos), su prioridad tiene que ser darle honor a Dios aun al solucionar sus propios errores. Así que, mientras los líderes de tu congregación sigan a Cristo, deberías seguirlos con alegría y de buen grado.

Estudia lo que la Biblia enseña sobre el liderazgo en la iglesia

Aquí tienes otros versículos para leer sobre el tema: 1 Timoteo 3:1-7; Tito 1: 5-16; Efesios 4:11-16; Juan 21:15-17; 1 Pedro 4:11.

Anótalo...

...¡y ponlo en PRÁCTICA!

Semana #6

CAPÍTULO 30

LA MEMBRESÍA EN LA IGLESIA

«Ahora te digo que tú eres Pedro (que quiere decir "roca"),
y sobre esta roca edificaré mi iglesia, y el poder de
la muerte no la conquistará».
—MATEO 16:18

¿Es necesario estar vinculado y comprometido con una congregación local? Durante muchos años, me resistí a la idea de tener que comprometerme con la comunidad de una iglesia local. Asistía los domingos por la mañana, y no tenía problemas en usar mis dones dentro de la congregación, pero tenía mis dudas sobre si realizar un compromiso visible con ellos. Al mirar atrás, comprendo que sentía cierta intranquilidad respecto a esa iglesia, y creía que convertirme en miembro era como darle mi sello de aprobación. De alguna manera, creo que estuvo bien que en su momento no me uniera a aquella iglesia local. Tenía muchas preguntas sobre la metodología y la teología de esa congregación en particular, y creo que tomé la decisión correcta. No obstante, mi familia y yo nos fuimos de esa iglesia en buenos términos, y nos unimos oficialmente (como miembros) a otra iglesia local.

Hay diferentes tipos de evidencia en el Nuevo Testamento sobre la membresía en una congregación local, pero el texto bíblico apoya esta idea. Considera los siguientes tres aspectos de la membresía en la iglesia que aparecen en las páginas del Nuevo Testamento:

En primer lugar, es importante ser miembro de una congregación porque esto indica tu nivel de compromiso con la iglesia local. Al hacerte miembro, adquieres un compromiso visible con la iglesia y, a cambio, la iglesia se compromete contigo. No es lo mismo que una ceremonia matrimonial, pero algunos de los mismos principios pueden ponerse en práctica. Te comprometes a ayudar a los demás miembros de la congregación cuando las cosas vayan bien y cuando vayan mal.

En segundo lugar, la disciplina de la iglesia solo puede administrarse de forma efectiva si las personas están comprometidas y conectadas con la iglesia local. Esto puede parecer contrario a la lógica, porque en general no nos gusta la disciplina, pero ten en cuenta que todos necesitamos que nos muestren la verdad. Al unirte a la iglesia local, le das permiso a la congregación para mostrarte la verdad y pedirte cuentas para que te mantengas en los estándares de vida cristiana adoptados por la iglesia, y tú también debes hacer lo mismo en las vidas de los demás miembros. La disciplina de la iglesia aparece en el Nuevo Testamento, y la vemos especialmente en la iglesia de Corinto. En 1 Corintios 5, el apóstol Pablo trata un problema dentro de la iglesia concerniente al pecado sexual de uno de sus miembros. En 2 Corintios 2:5-11, Pablo vuelve a abordar un problema relacionado con la disciplina. Aunque es probable que se trate de dos personas diferentes, ambos son casos en los que se exige al individuo responsabilidad por sus acciones dentro de la iglesia local.

Por último, has recibido dones espirituales para servir en una congregación local de creyentes. El apóstol Pablo habla de la unidad en el pueblo de Dios, aunque pueda tener dones diversos. Pasajes como Romanos 12 y 1 Corintios 12 transmiten este mensaje, y hablan de la singularidad de los seguidores de Jesús. La membresía en la iglesia no es algo para tomar a la ligera, sino que exige profunda consideración. Es dentro del contexto de la congregación local, donde puedes ejercer tus dones de servicio a la comunidad de creyentes.

APLICACIÓN PRÁCTICA:

¿Qué gano yo?

Hace poco, entré a un gimnasio a preguntar cómo hacerme miembro. Antes de llegar a la recepción, observé de inmediato que a mi izquierda había una serie de ventanas que separaba el vestíbulo de la sala principal de ejercicios. Me detuve a admirar las máquinas... no tenía ni idea de para qué servían algunas de ellas, ¡pero eran impresionantes! Parecía haber máquinas para cada músculo específico del cuerpo. Es más, ¡algunas hacían trabajar grupos musculares que ni sabía que existían! Tuve que aguzar la vista al leer palabras que no uso todos los días... como tríceps, bíceps, deltoides, oblicuos, rotatorio, cuádriceps, dorsal ancho, abdominal, circuito, peso muerto, cinturón de peso, etc. Por todas partes, había carteles con cuestiones que jamás había considerado antes sobre el índice de masa muscular, los carbohidratos y los entrenadores personales. Y por supuesto, para apelar al novato (¡a mí!), había muchos carteles dirigidos a motivar a las personas a entrenar, con frases como: «Siente el ardor», «¡El dolor es la debilidad que abandona el cuerpo!», y «Pan comido». El mejor era un cartel con la foto de un hombre en estupendo estado físico que te señalaba y decía: «¡Pregunta hoy mismo cómo puede ayudarte un entrenador personal!». ¿Quieres decir que un hombre como ese entrenará conmigo? Increíble.

¿Qué significaba todo eso? ¡No lo sabía, pero quería averiguarlo! Quería aprovechar lo que fuera que estuvieran haciendo las personas detrás del vidrio. No veía la hora de sacar el máximo provecho de ese gimnasio.

Toda esta publicidad estaba estratégicamente colocada a simple vista para que yo experimentara los beneficios del lugar incluso antes de llegar a la recepción. Así que, no fue ninguna sorpresa que al llegar a la recepción, mi comentario no fuese: «Me gustaría que me informaran más sobre la membresía», sino: «¿Qué tengo que hacer para inscribirme hoy?». Fue una decisión sencilla, porque vi de primera mano todo lo que podía aprovechar para mejorar mi vida física.

Diferente de cualquier otro club

Cuando las personas aceptan a Jesucristo como Salvador personal, se transforman de inmediato en miembros de la familia de Dios, la iglesia (ver capítulo «Ekklesia»). No obstante, ser miembro de la iglesia o familia de Dios es distinto a unirse a un gimnasio. Cuando me inscribí en el centro de ejercicio, pregunté: «¿Qué gano yo?». Pero cuando eres miembro activo de la iglesia de Dios, tienes que preguntar constantemente: «¿Qué puedo hacer por los demás?».

Cuando te unes a un grupo local de creyentes (una iglesia), tienes que considerar tu membresía como una manera de compartir con los demás tus habilidades, tus pasiones y tus puntos fuertes, para así edificarlos. Por desgracia, muchos buscan en una iglesia lo que pueden recibir de ella, en lugar de preguntarse cómo podrían servir en ese grupo de creyentes. Recuerda que Dios te da todo lo necesario para ser el mejor siervo de Cristo para los demás. En 2 Timoteo 2:2, se describe este proceso de manera clara y sencilla: «Me has oído enseñar verdades, que han sido confirmadas por muchos testigos confiables. Ahora enseña estas verdades a otras personas dignas de confianza que estén capacitadas para transmitirlas a otros».

《 RECUERDA QUE DIOS TE DA TODO LO NECESARIO PARA SER EL MEJOR SIERVO DE CRISTO PARA LOS DEMÁS 》.

Aquí tienes un par de preguntas espirituales para hacerte antes de ser un miembro activo en la iglesia local:

1. ¿Eres miembro de una iglesia local basada en la Biblia?

Después de hacerte las preguntas fundamentales sobre tu propia salvación (ver capítulo «La salvación»), es importante buscar una congregación que cree un ambiente conducente a crecer espiritualmente según la Palabra de Dios. Habla con miembros de esa iglesia. Conversa con los líderes y pregúntales si ellos también ven la importancia y la prioridad de desarrollar a otros espiritualmente de acuerdo a la enseñanza bíblica. Luego, ora para que Dios te dirija a una iglesia local basada en la Biblia, que sea aquella en que mejor puedas servir al Señor y a los demás.

2. ¿Te esfuerzas por ser un entrenador personal «espiritual» en ciernes?
¿Estás buscando un creyente más maduro espiritualmente que te ayude a fortalecerte en la fe? ¿Has considerado convertirte en un entrenador espiritual? Si dedicas tiempo a leer la Escritura, siempre tendrás una palabra de aliento o una verdad bíblica para compartir con los demás, sin importar cuánto tiempo haga que eres cristiano. Santiago 5:16 describe lo beneficioso que puede ser para tus hermanos en Cristo que decidas «entrenarte» con constancia. «Confiésense los pecados unos a otros y oren los unos por los otros, para que sean sanados. La oración ferviente de una persona justa tiene mucho poder y da resultados maravillosos».

Estudia lo que la Biblia enseña sobre la participación en una congregación local
Aquí tienes otros versículos para leer sobre el tema: Hebreos 10:25; Hechos 2:40-47; 1 Corintios 12:13-14; Efesios 4:11-16.

Anótalo...

... ¡y ponlo en PRÁCTICA!

Anótalo...

LA VIDA CRISTIANA

CAPÍTULO 31

EL GRAN MANDAMIENTO

«—Maestro, ¿cuál es el mandamiento más importante en la ley de Moisés? Jesús contestó: —"Amarás al Señor tu Dios con todo tu corazón, con toda tu alma y con toda tu mente". Este es el primer mandamiento y el más importante. Hay un segundo mandamiento que es igualmente importante: "Amarás a tu prójimo como a ti mismo". Toda la ley y las exigencias de los profetas se basan en estos dos mandamientos».

—Mateo 22:36-40

Todos los requisitos y las exigencias del Antiguo Testamento pueden resumirse con las palabras «ama a Dios y a los demás». La declaración de Jesús a los líderes religiosos de Su época desafió su comprensión de lo que significaba seguir a Dios. No señaló una regla o mandamiento en particular del Antiguo Testamento, sino que se concentró en el quid de la cuestión: el corazón del individuo. Jesús reconoce que para obedecer de verdad los mandamientos y requisitos de Dios, el corazón de la persona tiene que estar en el lugar correcto. Esta idea aparece a lo largo de todo el Antiguo Testamento, en especial en pasajes como Ezequiel 36, que habla de un nuevo corazón para el pueblo de Israel. También en el Salmo 51, donde David reconoce que Dios no quiere sacrificios vacíos, sino un corazón quebrantado delante de Él (Sal. 51:16-19).

De las palabras de Jesús en Mateo 22 debería interpretarse que debemos amar a Dios con todo lo que tenemos: «con todo tu corazón, con toda tu alma y con toda tu mente», lo cual indica todo nuestro ser. Estas palabras no deben comprenderse como aspectos separados de la persona. Además, el vocablo para «amor» usado en este pasaje es el término griego *agapaō*, una de las cuatro palabras griegas utilizadas para «amor». Esta palabra en particular es la más común para «amor» en la Biblia, y representa un amor abnegado y entregado. A veces se lo describe como amor incondicional. Deuteronomio 6:5 comunica esta idea mediante la palabra hebrea *ahab*, que significa «amor». Deuteronomio 6 forma parte de lo que se conoce como la Shemá, una oración diaria del pueblo de Israel. Esto muestra lo relacionado que está este mensaje con la vida cotidiana de la gente.

A los seguidores de Jesús, se nos manda a amarnos los unos a los otros (Juan 15:13), y a no amar al mundo ni las cosas que están en el mundo (1 Juan 2:15-17). Tenemos que comprometernos a amar a Dios y al prójimo. En Juan 13:35, Jesús afirma que el mundo nos conocerá por nuestro amor mutuo, lo cual significa que el amor debería ser una característica definitoria de la comunidad cristiana. Por desgracia, muchas veces la iglesia no es conocida como un lugar de amor. Aunque no nos gusta tener que admitirlo, a los seguidores de Jesús se los conoce más por las cosas a las que se oponen que por el amor que tendría que caracterizar la vida de todo creyente.

APLICACIÓN PRÁCTICA:

Entiendo lo que dices, pero...
Si nos urgieran a identificar la razón principal que da la gente para no ser cristiana, sería: «los cristianos no viven lo que creen». También he escuchado decir: «Predican sobre el amor, pero no lo demuestran cuando abandonan el edificio de la iglesia». En mi experiencia con los estudiantes universitarios, los feligreses de distintas denominaciones y la gente de la comunidad, puedo decir que todos conocen a alguien que ha rechazado el mensaje de Cristo o lo han rechazado ellos mismos, porque acabaron hastiados de ver a tantos cristianos que no demostraban el mismo nivel de amor que Jesucristo.

Las heridas pueden sanar
Quisiera poder afirmar que la mayoría de las personas dan un giro espiritual de 180 grados y comienzan a seguir a Jesucristo como su Salvador cuando conocen a un cristiano sincero y amoroso. Por desgracia, no siempre es el caso. Parecería que hacen falta varios buenos ejemplos para que la persona espiritualmente desilusionada supere un ejemplo negativo. Quizá no sea así con todas las personas, pero la buena noticia es que es posible recuperarse de las «quemaduras» del mal ejemplo. Es más, independientemente de si te ofendió el mal ejemplo de un creyente desobediente, todos tenemos la responsabilidad de tomar la decisión correcta respecto a Jesús y nuestra necesidad de salvación (ver capítulo «La salvación»).

Puedes sortear los obstáculos
Cuando hables con alguien que se haya sentido escandalizado por el comportamiento de un supuesto cristiano, sé sincero con él. Admite que es más difícil aceptar las verdades del cristianismo tras haber recibido un maltrato de parte de un creyente. Recuérdale que ser cristiano no significa afirmar que uno es perfecto. ¡La verdad es que no hay ningún ser humano perfecto en la Tierra! Con respeto, déjale saber que la falta de amor de otra persona no es excusa válida para rechazar a Jesucristo. Aunque puede ser que alguien te haya puesto palos en el camino, es posible sortear los obstáculos. Puedes (y debes) hacerlo.

No tengas miedo de lanzarte
La mejor manera de ganarse la confianza de alguien que se ha quemado es ofrecerte como ejemplo a seguir. Sé que esto asusta a muchos, porque de inmediato preguntan:

«¿Y si me equivoco?». O «¿Y si cometo algún error? Entonces no volverá a escucharme jamás». La buena noticia es que no tienes que intentar ser perfecto para ser un buen ejemplo. El apóstol Pablo entendió el equilibrio justo que todos deberíamos adoptar para servir como ejemplo espiritual para los demás. Simplemente, enseñó: «Y ustedes deberían imitarme a mí, así como yo imito a Cristo» (1 Cor. 11:1).

Dile a la persona que si busca la perfección, lo único que tiene que hacer es mirar a Jesucristo. Asegúrale que tú fallarás. Pero así como todo matrimonio requiere perdón y misericordia para que la relación funcione, te gustaría que confiase en que si te equivocas tratarás de arreglar las cosas. Recuérdale que aunque probablemente hagas algo mal de vez en cuando, siempre intentarás obedecer a Dios para enmendar la situación. Y aun en la corrección de los tropezones de tu vida, podrán ver que sigues sinceramente a Dios en todo. El enfoque debería ser este: cuando obedeces a Jesús, pueden seguir tu ejemplo. Si lo desobedeces, no deben seguirlo. De esta forma, tendrán que evaluar de manera consciente tus acciones.

La rendición de cuentas hace bien

Aunque a la mayoría no le gusta que «observen» su desempeño, para el creyente es saludable (y necesario) rendirle cuentas a alguien que esté buscando consejo y un ejemplo a seguir. Lo mismo sucede cuando los hijos admiran a sus padres. También lo hacen los alumnos cuando se apuntan a las clases de un determinado profesor. Incluso pasa en las relaciones interpersonales. Lo importante es que siempre hay alguien mirándote... ¡así que déjalo ver a Cristo! No solo fortalecerá al espectador, sino también tu propia condición espiritual.

《 LO IMPORTANTE ES QUE SIEMPRE HAY ALGUIEN MIRÁNDOTE...
¡ASÍ QUE DÉJALO VER A CRISTO! 》.

Estudia lo que la Biblia enseña sobre el gran mandamiento

Aquí tienes otros versículos para leer sobre el tema: Mateo 22:34-40; Marcos 12:28-34; Juan 3:16; 13:35.

Anótalo...

...¡y ponlo en PRÁCTICA!

CAPÍTULO 32

LA GRAN COMISIÓN

«Jesús se acercó y dijo a sus discípulos: "Se me ha dado toda autoridad en el cielo y en la tierra. Por lo tanto, vayan y hagan discípulos de todas las naciones, bautizándolos en el nombre del Padre y del Hijo y del Espíritu Santo. Enseñen a los nuevos discípulos a obedecer todos los mandatos que les he dado. Y tengan por seguro esto: que estoy con ustedes siempre, hasta el fin de los tiempos"».

—Mateo 28:18-20

La Gran Comisión aparece cinco veces en la Biblia (Mat. 28:18-20; Mar. 16:15-18; Luc. 24:44-48; Juan 20:19-23; Hech. 1:3-8), y forma parte de las últimas palabras que Jesús compartió con Sus discípulos antes de Su ascensión. La Gran Comisión gira en torno a la idea de hacer discípulos y se ha transformado en el gran objetivo que persiguen las iglesias cristianas, y también deberíamos concentrarnos en él como individuos creyentes.

La palabra griega para «discípulos» es *mathēteuō*, que significa «discipular». Es importante tener en mente lo que significaba un discípulo para el judío del siglo I. Unida a la idea del discipulado estaba la del proceso de enseñanza e instrucción. Esto significaba que había una comunicación estratégica de conocimiento. La Gran Comisión es inseparable del mensaje que los discípulos deben comunicar, que es el evangelio (las buenas nuevas) de la muerte, la sepultura y la resurrección de Jesús (ver 1 Cor. 15:1-11).

El discipulado conllevaba también el concepto de seguir a alguien. Cuando Jesús llamó a los discípulos, dijo: «Sígueme». Durante Sus tres años de ministerio, los discípulos aprendieron más y más lo que significaba seguir a Jesús. Aprendieron que para ser el primero en el reino de Dios, tenían que ser siervos de todos (Mat. 20:26), y que todos los días debían morir a sí mismos y a sus planes (Luc. 9:23-26).

Así que ser discípulo significa que Jesús es Señor de tu vida. En Romanos 6, el apóstol Pablo habla de la esclavitud del pecado en la vida de aquellos que no siguen a Jesús. Lejos del poder salvador del Señor, la persona es esclava del pecado. Pero Pablo también habla sobre la victoria sobre el pecado que pueden experimentar los seguidores de Cristo: «El pecado ya no es más su amo» (Rom. 6:14). Sin embargo, a veces dejamos de leer en el versículo 14. En el resto del capítulo, Pablo argumenta que los que siguen a Jesús son ahora Sus esclavos. Al entregarle tu vida a Cristo, Él se transforma en tu Señor. Como afirma el versículo 18: «Ahora son libres de la esclavitud del pecado y se han hecho esclavos de la vida recta». Pero piensa en lo maravilloso que es servir a Dios en Su reino; en lo increíble de seguirlo, y vivir de la forma que Él diseñó para ti.

Un último aspecto de la Gran Comisión es la idea de que tiene que extenderse a todo el mundo. En el primer capítulo de Hechos, se nos instruye a comenzar en Jerusalén, y llegar a extender la buena nueva por todo el mundo (Hech. 1:8). Como declara el *Evangelical Dictionary of Theology* [Diccionario evangélico de teología]: «El método para llevar a cabo la Gran Comisión supone la predicación (2 Tim. 4:2) y la enseñanza de la Palabra (Mat. 28:20) a todas las personas, acompañada de buenas obras (Hech. 9:36; Gál. 6:9-10; Ef. 2:10), para la gloria de Dios» (1 Cor. 10:31), (524).

APLICACIÓN PRÁCTICA:

La Gran Comisión en términos sencillos
Si estás pensando: «Me sería imposible hablar de cuestiones espirituales con alguien del vecindario», no estás solo. Pero creo que es posible disipar esté temor en el corazón de las personas si comienzan por participar de conversaciones espirituales con los que más cómodos se sienten. Cumplir con la Gran Comisión no es tener todas las respuestas. Cuando desconozcas la respuesta a una pregunta, pueden investigarla juntos. Es más, ese tiempo de búsqueda ayuda a crear confianza entre el cristiano y el que pregunta por el cristianismo. El primer paso importante para cumplir con la Gran Comisión es conversar con una persona sobre cuestiones espirituales. Lo bueno es que si estás acostumbrado a hablar de esto en tus propios círculos, te será mucho más fácil hacerlo fuera de tu ámbito de influencia... especialmente, si no tienes expectativas poco reales respecto a tener siempre todas las respuestas. Ni siquiera un profesor como yo, tiene una expectativa tan alta.

Pregunta... y luego sigue preguntando
Practica proponiéndote debatir sobre asuntos espirituales con tus familiares y amigos; sin previo aviso y sobre distintos temas. Haz preguntas y deja que tu interlocutor sea quien más hable, para que así puedas comenzar a estudiar las distintas perspectivas que tienen las personas. Escucha, y pasa el 80% de tu conversación inicial haciendo preguntas y tomando nota mental del nivel de comprensión espiritual de los demás. Por desgracia, demasiados creyentes sienten la necesidad de dominar la conversación y de tener todas las respuestas cuando hablan de temas espirituales. Pero no tiene por qué ser así. Como creyente, descubrirás más sobre la otra persona si haces preguntas y escuchas con atención sus respuestas.

》 PRACTICA PROPONIÉNDOTE DEBATIR SOBRE ASUNTOS ESPIRITUALES CON TUS FAMILIARES Y AMIGOS; SIN PREVIO AVISO Y SOBRE DISTINTOS TEMAS 》.

Nunca me han dicho que no
Cada vez que termino de hablar con alguien (incluso no creyentes), prometo orar por la persona esa misma noche, y pregunto si puedo hacerlo en ese instante. Nunca me han dicho que no. Es cierto, es una pregunta que no se esperan, pero aceptan mi oración como un gesto sincero y personal de interés en ellos. Y cuando oro, no les predico ni deslizo una declaración condenatoria. Simplemente, le doy gracias a Dios por haber permitido que se cruzaran nuestros caminos, y pido que nos proporcione otra oportunidad para hablar de nuestras vidas y de cómo podemos aprender más de Él. Hago una oración breve, sencilla y sincera. Siempre me han agradecido después de orar. Algunos hasta se secan los ojos humedecidos. Otros sonríen. Pero todos dicen: «Gracias».

Haz tu parte
Recuerda, quizás Dios no te use para ser el agente de cambio en esa vida. Tal vez seas una pieza en el rompecabezas espiritual de esa persona, y otro seguirá edificando hasta que el Señor determine que es hora de cambiar esa vida. Dios es el único que trae madurez espiritual a un individuo. El apóstol Pablo nos recuerda esto mismo en 1 Corintios 3:5-7, cuando habla de otros ministros que se dedicaban a un grupo particular de personas:

«Después de todo, ¿quién es Apolos?, ¿quién es Pablo? Nosotros sólo somos siervos de Dios mediante los cuales ustedes creyeron la Buena Noticia. Cada uno de nosotros hizo el trabajo que el Señor nos encargó. Yo planté la semilla en sus corazones, y Apolos la regó, pero fue Dios quien la hizo crecer. No importa quién planta o quién riega, lo importante es que Dios hace crecer la semilla».

Comienza hoy
Empieza a tener conversaciones intencionalmente espirituales con personas que conozcas bien. Haz preguntas. Escucha y aprende de los demás. Estudia sus reacciones. No esperes tener todas las respuestas. Entonces, habla con alguien de tu vecindario. Dedícate a escuchar. Luego, pídele a Dios que guíe estas conversaciones a experiencias más plenas. Ora cada día para que el Señor fortalezca tu relación espiritual con Él y para que este proceso culmine con la creación de otro discípulo.

Estudia lo que la Biblia enseña sobre la Gran Comisión
Te aliento a investigar los siguientes pasajes sobre el tema: Mateo 28:18-20; Marcos 16:15-18; Lucas 24:44-48; Juan 20:19-23; Hechos 1:3-8.

Anótalo...

... ¡y ponlo en PRÁCTICA!

CAPÍTULO 33

LA RENOVACIÓN

«Es un concepto integral de la teología cristiana, que incluye todos
los procesos de restauración de la fortaleza espiritual subsecuentes
y procedentes del nuevo nacimiento».

—*Evangelical Dictionary of Theology*
[Diccionario evangélico de teología], 1010

Si pronuncias las palabras «avivamiento» o «renovación» entre un grupo de cristianos,
probablemente obtendrás distintas respuestas. Algunos piensan en las «reuniones de avivamiento» en la iglesia cada verano. Otros, ven la imagen de las reuniones semanales que
enfatizan el derramamiento del Espíritu Santo. Algunos piensan en los avivamientos que
se han sucedido en la historia de la iglesia cristiana; despertares espirituales como el primer y el segundo Gran Avivamiento, y los avivamientos ocurridos a principios del siglo xx.

Con nuestro propósito en mente, nos concentraremos en el concepto de la renovación
individual y el avivamiento colectivo. Según la literatura que estudies o la persona con
quien hables, hay distintas maneras de usar las palabras «avivamiento» o «renovación».
A veces, se usan como sinónimos, y otras veces, hay una distinción entre ambas.

Veremos el concepto de renovación desde la perspectiva de pasajes como Romanos
12:2. Como declara el apóstol Pablo: «No imiten las conductas ni las costumbres de
este mundo, más bien dejen que Dios los transforme en personas nuevas al cambiarles
la manera de pensar. Entonces aprenderán a conocer la voluntad de Dios para ustedes,
la cual es buena, agradable y perfecta». Este pasaje utiliza la palabra griega *anakaí-
nosis*, que significa renovación, por lo que la LBLA traduce la frase «más bien dejen
que Dios los transforme en personas nuevas al cambiarles la manera de pensar» como
«sino transformaos mediante la renovación de vuestra mente».

En el Antiguo Testamento, el concepto aparece en pasajes como el Salmo 103:5 e
Isaías 41:1 (LBLA). Isaías 40:31 también habla de la renovación en este conocido
versículo: «Pero los que esperan en el SEÑOR renovarán sus fuerzas; se remontarán con
alas como las águilas, correrán y no se cansarán, caminarán y no se fatigarán» (LBLA).
La palabra hebrea usada aquí es *chalaph*, que puede significar «cambiar para mejor»
y conlleva la idea de renovación.

Conectada a este concepto, está la idea de regeneración, de un nuevo nacimiento. La regeneración ocurre una sola vez, cuando la persona pasa de la muerte a la vida espiritual. Sin embargo, la renovación es un proceso, un avivamiento constante en la vida del creyente. Es similar a la llenura del Espíritu Santo, que aparece en Efesios 5:18b, donde Pablo desafía a los creyentes a ser «llenos del Espíritu Santo». La renovación debería evidenciarse dentro de la vida de la persona y de la iglesia. Como la congregación está formada por individuos, si las personas son renovadas a diario mediante la obra del Espíritu Santo, entonces la iglesia (en conjunto) también será renovada.

《 LA RENOVACIÓN ES UN AVIVAMIENTO CONSTANTE EN LA VIDA DEL CREYENTE 》.

APLICACIÓN PRÁCTICA:

Que comiencen los juegos
Disfruto la mayoría de los deportes. Siempre me gustaron. Solía jugar al béisbol, al *softball*, al básquet y practicaba el voleibol como aficionado. Me gustaba toda la experiencia: prepararme para el partido, el partido en sí y, más tarde, reflexionar sobre mi desempeño para mejorar la próxima vez. Tenía un equilibrio saludable de competición y disfrute cuando jugaba, así que incluso si perdía, no dejaba que eso me arruinara el día. Jugaba por diversión, y tuve excelentes experiencias.

Algo que se aprende rápido en el ámbito de los deportes es que se juega mejor si se practica con constancia durante la semana. «Con constancia» es la clave. Llega el día del partido, y estarás oxidado y fuera de forma si no practicaste durante la semana. Sin práctica regular, cuesta más entrar en calor, y hace falta realizar más ejercicios antes de comenzar.

No escuches las provocaciones del oponente
El maligno hará todo lo posible para que no seas constante en tu práctica. Así como en el básquet el equipo contrario pide tiempo, justo antes de que puedas lanzar tus últimos tiros libres (para detenerte antes del lanzamiento), siempre tendrás la tentación de cortar el flujo de la disciplina espiritual. Probablemente, la primera tentación que tengas que superar sea la de creer que un solo momento bueno de actividad espiritual es suficiente para toda la semana. Es decir, si el domingo tienes una excelente experiencia en la iglesia, tal vez pienses que fue lo suficientemente buena como para durar toda la semana. Pero así como un jugador de básquet no se conforma con entrenar un día a la semana, te oxidarás en lo espiritual si crees la mentira de que una experiencia espiritual profunda a la semana puede transformarte en un cristiano fuerte.

El plan de juego del adversario
La próxima tentación puede ser la de creer la mentira de que te encuentras en «una

montaña rusa emocional». Tal vez te convenzas de que tu decisión de acercarte más a Jesús a diario es simplemente una decisión precipitada y sin demasiada meditación, algo que no durará. A continuación, te verás tentado a mirar a otros creyentes y llegarás a la conclusión de que no se ejercitan espiritualmente todos los días (y no parece que les vaya mal), así que no es necesario que te esfuerces por mantener una rutina diaria. En última instancia, el objetivo del maligno es tentarte a aminorar poco a poco... lentamente y con interrupciones bien medidas. Pero no escuches las provocaciones del adversario; son todas mentiras. Jesús nos recuerda esta realidad en Juan 8:44b:

«Él ha sido asesino desde el principio y siempre ha odiado la verdad, porque en él no hay verdad. Cuando miente, actúa de acuerdo con su naturaleza porque es mentiroso y el padre de la mentira».

Hazlo por amor al deporte
He descubierto que hay una correlación casi perfecta entre los hábitos de práctica constante y el amor sincero por el deporte. En otras palabras, si amas lo que haces, la práctica diaria no será una intrusión en tu agenda. Sin duda, habrá días en que te sentirás cansado y desalentado, pero Gálatas 6:9 promete: «Así que no nos cansemos de hacer el bien. A su debido tiempo, cosecharemos numerosas bendiciones si no nos damos por vencidos».

Y cuando parezca que no avanzas en absoluto, deja que 1 Corintios 15:58 te aliente. Sin importar cómo te sientas, siempre avanzarás si desarrollas una relación firme con Dios: «Por lo tanto, mis amados hermanos, permanezcan fuertes y constantes. Trabajen siempre para el Señor con entusiasmo, porque ustedes saben que nada de lo que hacen para el Señor es inútil».

Participar en el juego no es opcional, así que haz que valga la pena
Si te comprometes a permanecer cerca de Dios cada día, ¡podrás crecer en tu fe (y lo harás)! Con la guía del Espíritu Santo, puedes renovar tu mente cada día y ser transformado mediante la meditación en la Palabra de Dios, la oración, las conversaciones cotidianas sobre verdades espirituales con familiares y amigos, y la influencia positiva de otros creyentes en tu vida. ¡Así que comprométete a ser renovado cada día!

Estudia lo que la Biblia enseña sobre la renovación espiritual
Te aliento a estudiar más versículos sobre el tema: Romanos 12:2; Isaías 40:31; Salmos 103:5; Efesios 4:20-24.

Anótalo...

... ¡y ponlo en PRÁCTICA!

CAPÍTULO 34

LA MORADA Y LA LLENURA
DEL ESPÍRITU SANTO

«Que antes de predicar, el pastor siempre confiese que confía en el Espíritu Santo.
Que queme su manuscrito y dependa del Espíritu. Si el Espíritu no
viene a ayudarlo, que se quede quieto, deje que las personas
se vayan a su casa, y ore para que el Espíritu
lo ayude al domingo siguiente».
—Charles Spurgeon, «*The Outpouring of the Holy Spirit*»
[El derramamiento del Espíritu Santo] (sermón n° 201)

El ministerio del Espíritu Santo, con Su morada y llenura, se hace evidente en todo el Antiguo y el Nuevo Testamento. En el Antiguo Testamento, la llenura del Espíritu se ve cuando se construye el tabernáculo (Ex. 31:3, 35:31). También aparece en las palabras de Isaías: «El Espíritu del Señor Soberano está sobre mí, porque el Señor me ha ungido para llevar buenas noticias a los pobres. Me ha enviado para consolar a los de corazón quebrantado y a proclamar que los cautivos serán liberados y que los prisioneros serán puestos en libertad» (Isa. 61:1). En el Nuevo Testamento, la llenura del Espíritu Santo se evidencia en pasajes como Efesios 5.

Hay muchas consideraciones que hacer respecto a la llenura y la morada del Espíritu. En primer lugar, es necesario distinguir entre los dos conceptos. La morada del Espíritu Santo aparece en pasajes como Hechos 1:8. Esta morada es algo que la persona experimenta en el momento de la conversión, y es irrevocable.

En cambio, la llenura del Espíritu Santo no es permanente. Tiene que ver con el control de la vida del creyente. Los que no siguen a Jesús no pueden ser llenos del Espíritu Santo porque son esclavos del pecado (Rom. 6). Pero los seguidores de Cristo deben vivir para Él. Esto se explica en Efesios 5, donde el apóstol Pablo compara a alguien controlado por la influencia del alcohol con alguien controlado por el Espíritu Santo. Así como el alcohol puede controlar toda la persona, el individuo debería ser controlado por el Espíritu.

Hay dos aspectos significativos de la vida cristiana que se relacionan específicamente con la obra del Espíritu Santo. Se trata de los dones espirituales y el fruto del Espíritu. Por desgracia, solemos concentrarnos en una de estas áreas y descuidar la otra. En lugar de concentrarnos en la importancia de alentar el desarrollo del carácter (el fruto del Espíritu), nos volcamos más en los dones espirituales. Por favor, no quiero decir que no deberíamos hablar de los dones espirituales. Lo que quiero decir es que demasiadas veces, dejamos de lado la idea del desarrollo del carácter. Gálatas 5:22-23 afirma: «En cambio, la clase de fruto que el Espíritu Santo produce en nuestra vida es: amor, alegría, paz, paciencia, gentileza, bondad, fidelidad, humildad y control propio». Me pregunto qué sucedería si los seguidores de Jesús se concentraran en la llenura del Espíritu para capacitarlos para el servicio espiritual y el desarrollo del carácter.

APLICACIÓN PRÁCTICA:

Me encanta el café
Me encanta el café. No, ¡me ENCANTA el café! Me gusta el aroma, el sabor, y me encanta sentarme junto a alguien que bebe café. Disfruto de sentarme en una cafetería a leer (o escribir) libros. Me agrada el proceso de molerlo, prepararlo y degustarlo. Me encanta el ambiente relajado que proporciona el café. Y me gusta la cantidad de trabajo que puedo lograr o de placer que puedo disfrutar cerca de él.

Es más, en este mismo momento, estoy sentado en mi cafetería favorita en la esquina de una plaza. El lugar está rodeado de ventanas, y tengo una hermosa vista de la Cordillera Azul frente a mí. Probablemente, si dejara de hacer pausas para contemplar el magnífico paisaje de Dios... y beber otro sorbo de café, no tendría que atrasar mis fechas de entrega. Es «oro líquido»: una taza de café orgánico de sombra, de prensado francés, cultivado en Chiapas, México. Es suave como seda, es como tomar terciopelo. Tiene la temperatura justa, para beber sin quemarme, pero aún puedo observar un hilo de vapor que sube de la gruesa taza de porcelana. ¡Créeme, no hay nada mejor que eso!

[Por favor, espera mientras hago una pausa para beber otro sorbo].

Mira el reloj
Antes, podía beber café por la mañana, al mediodía y por la noche sin que me afectara. No sé qué cambió, pero hace poco descubrí que cuanto más tarde lo bebo, más inquieto me pongo. Aunque solía poder beberlo constantemente y no afectaba a mi rutina vespertina, ahora veo que si tomo una taza tarde a la noche, no puedo sentarme quieto... necesito jugar con algo o teclear en la computadora para que se me pase el efecto de la cafeína. ¡Aumenta mi energía en el mejor momento! La cafeína me tonifica y me proporciona un nivel mayor de energía. Y aunque no es recomendable que la energía venga de litros de café al día (¡aunque parece una idea atractiva!), sí proporciona ese impulso extra para estudiar.

Deja que el Espíritu Santo te controle

La Biblia habla del control del Espíritu sobre la vida de una persona, al proporcionar un rejuvenecimiento espiritual. El Espíritu Santo le da al creyente la oportunidad de meditar en cuestiones espirituales, estudiar y comprender la Palabra de Dios, y tener conversaciones espirituales con otros creyentes. Al mismo tiempo, al intensificar la convicción del creyente en cuanto a la verdad espiritual, guía los pensamientos en que deberíamos reflexionar, las palabras que deberíamos pronunciar y las acciones que deberíamos realizar. Por lo tanto, el cristiano tiene que esforzarse por ser lleno del Espíritu cada mañana, al mediodía y por la noche.

《 CUANTO MÁS DISFRUTES DEL CONTROL DEL ESPÍRITU SANTO EN TU VIDA, ¡MÁS SE TRANSFORMARÁ EN ALGO QUE QUIERAS REPETIR UNA Y OTRA VEZ! 》.

Consejos prácticos esenciales

Aunque ya hemos compartido varios consejos prácticos básicos en este libro (ver capítulos «La santificación», «La renovación», «La membresía en la iglesia», «El arrepentimiento»), el Espíritu Santo te controla cuando: (1) confiesas y te arrepientes de todo pecado consciente día a día; (2) te apresuras a recibir las verdades enseñadas en la Palabra de Dios y te aferras a ellas; (3) tienes hambre y sed de justicia (Mat. 5:6) y buscas saciarlas mediante las conversaciones espirituales, la meditación en la verdad de Dios, y la música que te lleva a pensar en Él; (4) no permites que nada más controle tus pensamientos. No le abras la mente, el corazón ni los sentimientos a nada que te lleve en pos del pecado. Huye de esas influencias... no valen la pena. Cuanto más disfrutes del control del Espíritu Santo en tu vida, ¡más se transformará en algo que quieras repetir una y otra vez!

Estudia lo que la Biblia enseña sobre la morada y la llenura del Espíritu Santo

Aquí tienes otros versículos para leer sobre el tema. Gálatas 5:16-26; Hechos 1:8; 1 Corintios 3:16, 6:19, 12:1-11; Romanos 12:3-8; Juan 14:15-18.

Anótalo...

...¡y ponlo en PRÁCTICA!

CAPÍTULO 35

LA VIDA EN MISIÓN

«Sea de una forma u otra, el amor de Cristo nos controla. Ya que creemos
que Cristo murió por todos, también creemos que todos hemos muerto
a nuestra vida antigua. Él murió por todos para que los que reciben
la nueva vida de Cristo ya no vivan más para sí mismos. Más bien,
vivirán para Cristo, quien murió y resucitó por ellos».

—2 Corintios 5:14-15

En 2002, el pastor Rick Warren lanzó un libro titulado *The Purpose Driven Life* [Una vida con propósito]. Rápidamente, se volvió un éxito de ventas. El libro está escrito como un devocional y acompaña al lector durante 40 días de búsqueda de propósito en la vida. Como sugiere el título, el libro habla de vivir con un propósito. Enseña a usar de forma deliberada el tiempo que Dios nos ha dado aquí en la Tierra. Independientemente de lo que pienses sobre el rev. Rick Warren, creo que ha identificado un objetivo al que todo creyente debería apuntar: vivir según la misión de Dios para tu vida.

El apóstol Pablo es un ejemplo de alguien que vivía su misión. En 2 Corintios 11:1-12:13 describe su vida y nos habla de las pruebas y las tribulaciones que sufrió por causa del evangelio de Jesús. Menciona cómo luchó por otros seguidores de Cristo, hasta el punto de que cuando sufrían, era como si sufriera junto a ellos. Muchas veces en sus cartas, Pablo hace una declaración que muestra el centro de su ministerio: «Y ustedes deberían imitarme a mí, así como yo imito a Cristo» (1 Cor. 11:1). En otros escritos de Pablo, se expresa una idea similar (ver 1 Cor. 4:16; Ef. 5:1; Fil. 3:17, 4:9). Pablo entendía que su vida era un testimonio de la gracia de Jesús, pero también era un ejemplo para los demás. Confiaba en la obra del Señor en su vida para darle gloria a Dios.

Jesús también es un ejemplo de vida de misión. En el Evangelio de Juan esto queda especialmente claro. Muchas veces, Jesús afirmó: «Todavía no ha llegado mi momento» (ver Juan 2:4, 7:30, 8:20, 12:23, 12:27, 13:1). El «momento» al que se refería era cuando cumpliera la tarea que vino a hacer a la Tierra; es decir, Su muerte y resurrección. Esto no significa que Jesús no lograra otras cosas en Su tiempo aquí, pero quiere decir que tenía un propósito principal: morir por los pecados del mundo y resucitar. En Juan 17:1, vemos que había llegado Su momento: «Después de decir todas esas cosas, Jesús miró al cielo y dijo: "Padre, ha llegado la hora. Glorifica a tu Hijo para que él, a su vez, te dé la gloria a ti"». Jesús sabía que le llegaría la hora, y estaba preparado.

Mi temor es que andemos sin propósito. Me preocupa que muchos vayamos por la vida sin pensar verdaderamente en lo que intentamos lograr... y tampoco dejemos que Dios cumpla Su propósito en nosotros. Creo que muchas veces, vamos por la vida en «piloto automático». Pasamos de una cosa a la otra sin tener conciencia de nuestra misión. Mi esperanza y mi oración es que evalúes con seriedad en qué está enfocada tu vida, y comiences a vivir deliberadamente con un propósito, una vida de misión para Jesús y para la gloria de Dios.

APLICACIÓN PRÁCTICA:

Planea concentrarte... y concéntrate en tu plan

En medio de una conversación sobre el costo de ser un discípulo, Jesús compartió una analogía en cuanto a la importancia de considerar tu nivel de implicación en algo antes de comprometerte. Y una de las cosas que consiguió al comunicar las analogías presentes en Lucas 14:28-32 fue mostrar a Sus discípulos que es sabio tener un plan antes de intentar llevar a cabo algo:

«Sin embargo, no comiences sin calcular el costo. Pues, ¿quién comenzaría a construir un edificio sin primero calcular el costo para ver si hay suficiente dinero para terminarlo? De no ser así, tal vez termines sólo los cimientos antes de quedarte sin dinero, y entonces todos se reirán de ti. Dirán: "¡Ahí está el que comenzó un edificio y no pudo terminarlo!". ¿O qué rey entraría en guerra con otro rey sin primero sentarse con sus consejeros para evaluar si su ejército de diez mil puede vencer a los veinte mil soldados que marchan contra él?"».

Es difícil no captar el enfoque práctico de Jesús: si no planeas bien antes de ejecutar, perderás dinero, serás vencido y harás el ridículo.

Muchos otros han reconocido esta realidad en la vida cotidiana. Este axioma ha sido adoptado por muchos líderes en distintos sectores de la vida:

«Si no le apuntas a nada, ¡es fácil dar en el blanco!».

No se sabe quién fue el primero en usar esta frase, pero la mayoría puede identificarse con la realidad que presenta. Sin un plan, irás dando tumbos «con todo éxito», sin un objetivo y sin lograr nada de valor eterno o edificación personal.

El verdadero poder está detrás del plan

Aunque ayuda tener automáticamente una mentalidad de planificación, la mera organización no equivale a la espiritualidad. Ser la persona más analítica del lugar, o la más adicta a la limpieza, o la que tiene que tener todo organizado en su mesa... nada de esto te convierte en alguien espiritual. Recuerda, tu éxito espiritual no descansa en el poder de tus habilidades organizativas, sino que se encuentra en proporción directa al tiempo que dedicas a leer la Palabra de Dios, tener conversaciones espirituales, y orar. Además, tu progreso espiritual no depende de la cantidad de horas que reservas como «tiempo devocional», sino más bien de la calidad de esas experiencias con Dios y con los demás.

《 LA "ESPIRITUALIDAD" NO ES ALGO QUE SIMPLEMENTE TE "SUCEDE"》 .

Que valga la pena
Hay muchas actividades espirituales prácticas que le brindan tiempo de calidad a tu vida (ver capítulos «La santificación», «La renovación», «La membresía en la iglesia», «El arrepentimiento», «La morada y la llenura del Espíritu Santo»). Pero lo que va a permitir que estas actividades tengan un verdadero impacto sobre tu vida es pedirle al Espíritu Santo que te conceda sabiduría para trasladar, mover, cancelar o añadir distintos elementos a tu agenda semanal de forma que puedas incluir actividades, pensamientos, palabras y acciones espirituales cada día. Luego, mantén ese compromiso.

Permite que esta verdad te motive a cumplir tu plan: la "espiritualidad" no es algo que simplemente te "sucede". Para obtener resultados espirituales tienes que tener el propósito de interactuar con el Espíritu Santo.

Estudia lo que la Biblia enseña sobre vivir de acuerdo a la misión de Dios
Aquí tienes otros versículos para leer sobre el tema: 2 Corintios 11:22-33; Salmos 101; 1 Corintios 6:20, 7:23, 10:31-33, 11:1; Colosenses 2:23-24.

Anótalo...

...¡y ponlo en PRÁCTICA!

LOS ÚLTIMOS TIEMPOS

CAPÍTULO 36

LA ASCENSIÓN

«Después de decir esto, Jesús fue levantado en una nube mientras ellos observaban, hasta que ya no pudieron verlo».
—Hᴇᴄʜᴏs 1:9

Solemos concentramos en la resurrección de Jesucristo, y con razón, ya que fue un momento crucial de la historia de la humanidad. En 1 Corintios 15:14, Pablo afirma: «y si Cristo no ha resucitado, entonces toda nuestra predicación es inútil, y la fe de ustedes también es inútil». No obstante, la ascensión de Jesucristo tiene también gran trascendencia. De ella, aprendemos cuatro lecciones importantes:

Primero, Jesús completó la obra que vino a hacer a la Tierra
A lo largo del libro de Juan, se repite una frase de Jesús: «Todavía no ha llegado mi momento» (ver Juan 2:4, 7:30, 8:20, 12:23, 12:27, 13:1). Ya la estudiamos en el capítulo anterior sobre la vida de Jesús en misión, pero esta frase en particular también se refiere al momento de Su ascensión final. En Juan 17:1, justo antes de Su arresto, juicio y crucifixión, Jesús ora: «Padre, ha llegado la hora». Había cumplido Su misión y era hora de que regresara al cielo (la ascensión). Jesús sabía que había venido a morir en la cruz por los pecados del mundo, y que resucitaría para vencer sobre la muerte. Como había completado Su obra, volvió al cielo donde está sentado a la diestra de Dios Padre (Sal. 110:1).

Segundo, Jesús está preparando un hogar eterno para aquellos que creen en Él
En Juan 14:1-4, Jesús dijo que iría al cielo a preparar un lugar para Sus seguidores, y volvería para llevárselos con Él. Esta preparación tiene muchas analogías con la que un novio realizaría en el siglo I antes de su boda, preparando su hogar antes de la ceremonia. De manera similar, el novio (Jesús) está preparando una morada para Su novia (la Iglesia). La analogía de la Iglesia como la novia de Cristo aparece en toda la Escritura, en especial en pasajes como Efesios 5:23-32 y 2 Corintios 11:2-4.

Tercero, la ascensión de Cristo preparó el camino para el ministerio actual del Espíritu Santo
Ya en el Antiguo Testamento vemos la obra del Espíritu Santo (ver Isa. 61:1), pero Su ministerio es más evidente en el Nuevo Testamento, sobre todo después de la ascensión de Jesús. A veces pienso que a algunos de nosotros nos cuesta confiar en las palabras de Jesús referidas a este tema. En Juan 16:7, el Señor declara: «... es mejor

para ustedes que me vaya porque, si no me fuera, el Abogado Defensor no vendría. En cambio, si me voy, entonces se lo enviaré a ustedes». ¿Confiamos en lo que dijo Jesús, que era mejor que se fuera para que viniera el Espíritu Santo?

Por último, la ascensión de Jesús es un ejemplo para Sus seguidores de lo que ocurrirá en el futuro
Así como Jesús murió, fue enterrado, resucitó y ascendió al cielo para estar con el Padre, los que creen en Él también irán al cielo a estar con el Padre para siempre. La Biblia indica que los seguidores de Jesús fueron bautizados en Su muerte y levantados para transitar una vida nueva (Rom. 6:3-4). Y en 1 Corintios 15:50-58, leemos sobre el futuro, cuando los discípulos de Jesús estén con Él en el cielo.

Sin duda, la ascensión de Jesús fue un momento significativo de Su ministerio. Supone el reconocimiento de que Jesús cumplió la obra que vino a hacer a la Tierra y prepara el camino para Su ministerio principal, desde entonces, como abogado a favor de Sus seguidores.

APLICACIÓN PRÁCTICA:

Las despedidas son agridulces
Si quieres divertirte un rato (y reírte un poco), ve hasta la guardería infantil en tu iglesia y observa a los padres que dejan allí a sus hijos un par de horas. Es fácil detectar a los padres con más de un hijo y que asisten habitualmente a la iglesia. Realizan la transición sin problemas: entregan al niño, lo anotan, reúnen todos los elementos de seguridad, le dan un fuerte abrazo a su hijo y le soplan un beso mientras regresan a la reunión. Pero también está el padre primerizo o el visitante... Llega a la puerta, abraza al niño, lo anota, vuelve a abrazarlo, mira detrás de la encargada de la guardería (mientras ella intenta explicarle las políticas de seguridad) para evaluar la higiene del lugar, abrazan con más fuerza al niño y, de mala gana, lo sueltan para que pase por la puerta que separa la guardería del pasillo. El niño corre entusiasmado para jugar con los demás, mientras los padres se quedan con la cara larga. Pero no te vayas todavía... los mismos padres estarán allí dos minutos después con las narices apretadas contra el vidrio, intentando encontrar el mejor ángulo para ver si divisan a su hijo por alguna abertura en la persiana veneciana. Hasta puedes ver alguna lágrima en los rostros de los padres, hasta que alguno adquiere la fortaleza para alentar a los demás a abandonar el lugar.

El reencuentro es dulce
Cuando termina la reunión (y a veces antes), estos padres primerizos y los visitantes van rápido a recibir a sus hijos con los brazos abiertos. En un abrir y cerrar de ojos, firman e intercambian los elementos de seguridad, ansiosos por recibir a su pequeño.

El niño es recibido con grandes manifestaciones de cariño, y queda atrapado en un «abrazo sándwich» entre los dos padres. Y aunque esto hace que los padres «veteranos» sonrían y recuerden otras épocas, es un momento bonito de observar. En el contexto de este capítulo, la escena sirve como poderoso recordatorio del reencuentro tierno que nos promete la ascensión de Jesucristo.

Volveré

Cuarenta días después de morir y resucitar físicamente de entre los muertos, Jesús ascendió (literalmente, «se transportó») de regreso al cielo. Pero antes, dejó a Sus discípulos y a todos los creyentes algunas palabras alentadoras. Prometió que el Espíritu Santo vendría y sería la presencia permanente de Dios en sus vidas; así como Jesucristo había sido la presencia de Dios para ellos durante los últimos 33 años en la Tierra. De hecho, al igual que en el bautismo de Jesús (Mat. 3:16-17), aquí también vemos una imagen vívida de la Trinidad o la «Tri-unidad» de la Deidad en los comentarios de Jesús a Sus discípulos antes de ascender. Pero Cristo también prometió regresar a reunir a Sus hijos para que estuviesen con Él (ver capítulo «El regreso de Jesucristo»).

Para nosotros han pasado muchos años, y los creyentes siempre han anhelado el regreso del Señor. Por supuesto, Dios tiene Sus propios planes y ha decidido no volver aún. Debido a esta supuesta «demora» en el regreso de Jesús, muchos no creyentes han hecho exactamente lo que el apóstol Pedro predijo:

«Sobre todo, quiero recordarles que, en los últimos días, vendrán burladores que se reirán de la verdad y seguirán sus propios deseos. Dirán: "¿Qué pasó con la promesa de que Jesús iba a volver? Desde tiempos antes de nuestros antepasados, el mundo sigue igual que al principio de la creación"» (2 Pedro 3:3-4).

Pero algo es seguro (y todo creyente puede estar plenamente convencido de esta promesa): así como Jesús dejó este mundo para volver al cielo, podemos estar absolutamente confiados de que regresará a buscarnos (ver capítulo «El regreso de Jesucristo»). Y aunque se podría comparar al Señor con un padre «veterano», que tiene muchos, muchos hijos sobre la Tierra, ¡todavía conserva esa emoción de padre primerizo al pensar en reencontrarse con nosotros! El Salmo 139:17-18 les asegura a los creyentes esta realidad:

«Qué preciosos son tus pensamientos acerca de mí, oh Dios. ¡No se pueden enumerar! Ni siquiera puedo contarlos; ¡suman más que los granos de la arena! Y cuando despierto, ¡todavía estás conmigo!».

« TÓMATE UN MOMENTO PARA HABLAR CON DIOS SOBRE LO QUE SIENTES RESPECTO A SU REGRESO. PÍDELE QUE AUMENTE TU DESEO DE QUE VUELVA PRONTO ».

Participa del entusiasmo

Tómate un momento para pensar en todo lo que hizo Jesús sobre la Tierra antes de Su ascensión. Agradécele en oración por sacrificar Su vida en la cruz y por Su maravillosa resurrección (ver capítulo «La salvación»). Luego, dile cuánto lo echas de menos y anhelas verlo. Tómate un momento para hablar con Dios sobre lo que sientes respecto a Su regreso. Pídele que aumente tu deseo de que vuelva pronto. Si lo haces, descubrirás que cuanto más lees la Biblia, conversas con otros creyentes sobre verdades bíblicas y compartes a Jesucristo con los demás, más anhelarás Su regreso. Y considera terminar tus oraciones a Dios con un pedido sincero de que regrese pronto... parecido al que expresó en oración el apóstol Juan en el último libro de la Biblia:

«Aquel que es el testigo fiel de todas esas cosas dice: "¡Sí, yo vengo pronto!"». ¡Amén! ¡Ven, Señor Jesús!» (Apoc. 22:20).

Estudia lo que la Biblia enseña sobre la ascensión de Jesucristo
Aquí tienes otros versículos para leer sobre el tema: Juan 20:17; Marcos 16:19-20; Lucas 24:49-53; Hechos 1:9.

Anótalo...

... ¡y ponlo en PRÁCTICA!

Anótalo...

CAPÍTULO 37

CRISTO COMO ABOGADO

«El ministerio actual de Jesús es una gran fuente de consuelo, autoridad y aliento para el creyente, porque asegura que Su ministerio como Profeta, Sacerdote y Rey sigue en pie y, un día, será reconocido por toda la creación».

—BIBLIA DE ESTUDIO ESV, 2526

Una vez que Jesús cumplió la obra que vino a hacer a la Tierra (Su muerte, sepultura y resurrección), se sentó a la diestra de Dios Padre (Mat. 26:64). Pero esto no significa que Jesús no esté haciendo nada en Su ministerio actual en el cielo. El ministerio principal de Jesús ahora es interceder por los que lo siguen.

La intercesión es un concepto asociado a la tarea del sacerdote. En el Antiguo Testamento, el sacerdote intercedía por el pueblo de Israel (ver Lev. 1-6). Hoy, los cristianos tienen un Sumo Sacerdote que intercede por ellos (ver Heb. 4:14-5:11). Imagina a Satanás, el gran engañador, acusando de pecado al pueblo de Dios, y a Jesús sentado a la diestra del Padre diciendo: «Ya pagué el precio de ese pecado». Jesús se pone en nuestro lugar y nos defiende cuando se nos acusa.

El término utilizado en 1 Juan 2:1 es «abogado». Juan declara: «Mis queridos hijos, les escribo estas cosas, para que no pequen; pero si alguno peca, tenemos un abogado que defiende nuestro caso ante el Padre. Es Jesucristo, el que es verdaderamente justo». La palabra griega para «abogado» es *paraklētos*, que en este contexto significa «abogar por la causa de otra persona». En otras partes de la Escritura, se usa la misma palabra para el ministerio y la obra del Espíritu Santo. En Juan 16:7, Jesús dice que enviaría al *paraklētos* una vez que ascendiera al cielo.

En Romanos 8:34, leemos: «Entonces, ¿quién nos condenará? Nadie, porque Cristo Jesús murió por nosotros y resucitó por nosotros, y está sentado en el lugar de honor, a la derecha de Dios, e intercede por nosotros». Gracias a este ministerio de Jesús, Sus seguidores no tienen que temer a la condenación del diablo. Podemos acercarnos con confianza al Padre como hijos y coherederos con Cristo (ver Rom. 8:16-17).

Romanos 8 concluye con las siguientes palabras del apóstol Pablo: «Y estoy convencido de que nada podrá jamás separarnos del amor de Dios. Ni la muerte ni la vida, ni ángeles ni demonios, ni nuestros temores de hoy ni nuestras preocupaciones de mañana. Ni siquiera los poderes del infierno pueden separarnos del amor de Dios. Ningún poder en las alturas ni en las profundidades, de hecho, nada en toda la creación podrá jamás separarnos del amor de Dios, que está revelado en Cristo Jesús nuestro Señor». Esto no se debe a nada que hayamos hecho, ni a nuestras capacidades, sino a lo que Jesús hizo por nosotros (Su muerte, sepultura y resurrección), así como a Su ministerio actual de intercesión. No somos salvos y libres de condenación por mérito propio. No, es gracias al amor y la obra de Jesús.

APLICACIÓN PRÁCTICA:

Juego de niños
Los niños suelen intentar persuadir a sus padres para que les proporcionen dádivas iguales (o mejores) cuando uno de sus hermanos recibe una. Si recompensas a un hijo por sacar una buena calificación, inevitablemente, el otro pedirá lo mismo, alegando: «No es justo que a él le den y a mí no...». Y por más que el padre explique la razón detrás de la recompensa, el niño seguirá diciendo: «Pero no es justo... no debería recibir eso si yo no puedo... no es justo». Entonces, por celos, rivalidad o competencia, la súplica se transforma en acusaciones. «Pero mamá, no se lo merece... ¿recuerdas cuando la semana pasada, él [completa la frase], y te hizo enojar... ¡no se merece la recompensa!».

En ese momento, casi todo padre se pregunta cómo puede ser que esos dos niños que se demostraban tanto cariño hace un momento, ahora se agredan y se acusen de ser «indignos» de merecer una recompensa. Cuando llegamos a la conclusión de que este cambio de parecer no tiene explicación, como padres simplemente intentamos explicar una vez más por qué decidimos prodigarle amor y recompensas al otro hijo... sin importar la cantidad de errores que su hermano haya sacado a colación intentado refrescarle la memoria al progenitor.

Los intentos vanos de Satanás
Al igual que los niños inmaduros, Satanás intenta acusarnos ante nuestro Señor y Salvador, Jesucristo, argumentando que no somos dignos de seguir siendo hijos de Dios. Por fortuna, el diablo jamás podrá persuadir a Dios de que no merecemos ser llamados Sus hijos.

《 EL DIABLO JAMÁS PODRÁ PERSUADIR A DIOS DE QUE NO MERECEMOS SER LLAMADOS SUS HIJOS 》.

Satanás es poderoso, ¡pero no es Dios! Tal vez sea más fuerte que la mayoría de los seres creados, pero cuando el Todopoderoso Dios del universo habla a nuestro favor, debe cerrar la boca. En el fondo, Satanás es un acusador (de hecho, su nombre significa «el que acusa»). Y no se detendrá en su intento de convencer a Dios de que los creyentes no merecen recibir Su gracia redentora (ver capítulo «La salvación»). El diablo se dirigió a Dios cuando quería tocar la vida de Job (Job 1-2). Además, tuvo la osadía de acercarse a Jesús para acusarlo de hacer las cosas mal al principio de Su ministerio (Mat. 4). Pidió permiso a Dios para «zarandear» (sacudir con violencia con intención de derribar) a Pedro y la fe de los discípulos la noche antes de la crucifixión de Jesús (Luc. 22:31). Y hasta se atreve a acercarse al Salvador, el Señor Jesucristo, para acusarte «día y noche» de ser indigno de Su salvación (Apoc. 12:10). Por fortuna, ni Satanás ni nadie podrá presentar un argumento persuasivo para que Dios el Padre suelte el alma del creyente. ¿Por qué? Porque una vez que Jesucristo ha resuelto el problema mediante Su obra redentora en la cruz (ver capítulo «La salvación»), puede ganar siempre cualquier disputa respecto a la justificación del creyente (ver capítulo «La justificación»).

Una promesa indeleble
Romanos 8:33-39 es una de las porciones más maravillosas de la Biblia, y proporciona un consuelo y una protección inconmensurables para los creyentes. Es más, muchos han memorizado este pasaje:

«¿Quién se atreve a acusarnos a nosotros, a quienes Dios ha elegido para sí? Nadie, porque Dios mismo nos puso en la relación correcta con él. Entonces, ¿quién nos condenará? Nadie, porque Cristo Jesús murió por nosotros y resucitó por nosotros, y está sentado en el lugar de honor, a la derecha de Dios, e intercede por nosotros. ¿Acaso hay algo que pueda separarnos del amor de Cristo? ¿Será que él ya no nos ama si tenemos problemas o aflicciones, si somos perseguidos o pasamos hambre o estamos en la miseria o en peligro o bajo amenaza de muerte? (Como dicen las Escrituras: "Por tu causa nos matan cada día; nos tratan como a ovejas en el matadero"). Claro que no, a pesar de todas estas cosas, nuestra victoria es absoluta por medio de Cristo, quien nos amó. Y estoy convencido de que nada podrá jamás separarnos del amor de Dios. Ni la muerte ni la vida, ni ángeles ni demonios, ni nuestros temores de hoy ni nuestras preocupaciones de mañana. Ni siquiera los poderes del infierno pueden separarnos del amor de Dios. Ningún poder en las alturas ni en las profundidades, de hecho, nada en toda la creación podrá jamás separarnos del amor de Dios, que está revelado en Cristo Jesús nuestro Señor».

Experimenta una paz tangible
Saber que Jesús es el abogado de todos los creyentes debería tener un efecto muy real sobre nuestras vidas. Esta realidad tendría que ser un ancla para tu alma, proporcionándote una profunda paz en el corazón, cuando sientes que has deshonrado a Dios con tus decisiones como creyente. Dios te pedirá cuentas, y puede traer personas a tu vida para que vuelvan a colocarte en el buen camino (ver capítulo «La iglesia»). Lo

hace, precisamente, porque eres Su hijo... y te ama. Romanos 8:33-39 es un excelente pasaje para memorizar, así que puedes repasar esta promesa inspirada por Dios cuando comiences a sentirse un hijo de Dios «indigno». Haz honor a tu nombre: hijo de Dios. Deja de escuchar las mentiras del diablo de que no eres digno de ser llamado así (1 Juan 3:1), ¡y comienza a escuchar al Espíritu Santo, que siempre te llevará de regreso a la promesa de esta realidad!

Estudia lo que la Biblia enseña sobre Cristo como el abogado de los creyentes
Te aliento a estudiar otros versículos sobre el tema: 1 Juan 2:1; Hebreos 4:14-5:11; Apocalipsis 12:10; Mateo 26:64; Hechos 7:55-56.

Anótalo...

... ¡y ponlo en PRÁCTICA!

Anótalo...

CAPÍTULO 38

EL REGRESO DE JESUCRISTO

«Hombres de Galilea —les dijeron—, ¿por qué están aquí parados,
mirando al cielo? Jesús fue tomado de entre ustedes y llevado
al cielo, ¡pero un día volverá del cielo de la misma
manera en que lo vieron irse!».

—Hechos 1:11

El momento y la manera en que Jesús regresará a la Tierra ha generado mucho debate, pero en toda la historia de la iglesia ha habido un consenso general de que volverá. Esta certeza se debe a la evidencia abrumadora que sostiene esta afirmación, en especial en los escritos del Nuevo Testamento. Más de 20 de los 27 libros del Nuevo Testamento mencionan la segunda venida de Jesús, y fue uno de los temas constantes y predominantes de las enseñanzas de Jesús, los apóstoles y los padres de la iglesia primitiva. Mateo 24 y 25 registra lo que Jesús enseñó sobre el reino de Dios, y en Juan 14:3, el Señor consuela a Sus discípulos diciéndoles: «Cuando todo esté listo, volveré para llevarlos, para que siempre estén conmigo donde yo estoy».

Uno de los términos griegos usados respecto a la segunda venida aparece en 1 Tesalonicenses 4:15. La palabra es *parousia*, que significa «presencia, venida o llegada». Otras palabras usadas para comunicar el regreso de Jesús son *apokalypsis*, que significa «revelación» y *epiphaneia*, «aparición» o «manifestación». Teológicamente, el regreso de Jesús es relevante para nuestra comprensión de los eventos futuros. Entre las consideraciones importantes, están los siguientes aspectos:

En primer lugar, la segunda venida de Jesús será una manifestación corporal y personal del Señor. Hechos 1:11 afirma: «...¡un día volverá del cielo de la misma manera en que lo vieron irse!». Esto parece indicar que será un regreso físico a la Tierra. Además, Pablo habla de esta segunda venida de Cristo en el contexto de la resurrección de los muertos, lo cual recalca la naturaleza corporal de la resurrección (1 Cor. 15).

En segundo lugar, la importancia del regreso de Jesús puede verse en el establecimiento de Su reino y en Su juicio a la humanidad. La Escritura indica un reino futuro literal de Jesús en la Tierra, así como un juicio futuro literal. En el Antiguo Testamento, se profetizó que el heredero de David reinaría para siempre en su trono, y Jesús fue el cumplimiento de esa profecía (ver 2 Sam. 7:4-17). Jesús es el «brote» de la familia de David, como se menciona en Isaías 11, donde se anuncia que Jesús gobernará el mundo.

Por último, por más significativo que sea el establecimiento de Su reino sobre la Tierra en los últimos días, también es maravilloso considerar que Jesús no nos ha dejado solos en nuestra travesía terrenal... no se ha olvidado de nosotros, sino que desea que pasemos la eternidad con Él. Volverá para que podamos estar con Él... para toda la eternidad.

《 LA ESCRITURA INDICA UN REINO FUTURO LITERAL DE JESÚS EN LA TIERRA, ASÍ COMO UN JUICIO FUTURO LITERAL 》.

La primera vez, Jesús vino como un humilde bebé, nacido de la virgen María una noche como cualquier otra en Belén. En la segunda venida, regresará como Rey conquistador. Guiará a Su pueblo a la victoria y establecerá Su reino.

APLICACIÓN PRÁCTICA:

Cortar cupones
Durante mi infancia, mi familia no tenía mucho dinero. Y en esa época, la única manera de obtener un descuento en la tienda de comestibles era cortar cupones del periódico o las revistas que llegaban a mi casa. Recuerdo que mi madre cortaba cupones religiosamente todos los días (en especial los fines de semana), para encontrar todos los descuentos posibles de un determinado producto, en todos los periódicos o revistas disponibles. A menudo, me mostraba su pila de cupones con gran entusiasmo, porque había encontrado varios para un mismo producto. Para ella, era emocionante encontrar un cupón de más de 50 centavos... ¡una verdadera ganga!

Las tiendas pronto comenzaron a adoptar otra estrategia para atraer a clientes como mi madre: «El día del cupón doble». Mediante esta publicidad, la tienda anunciaba que le ofrecía a todos los clientes el doble de descuento sobre cualquier cupón (en general hasta 50 centavos o 1 dólar). Puedes imaginar el nivel de entusiasmo de mi madre cuando iba conduciendo y veía el cartel en una tienda que anunciaba esta oferta por tiempo limitado. Si iba en el auto, frenaba de inmediato, entusiasmadísima, y entraba al estacionamiento para redimir sus cupones por el doble de su valor... ¡sin reparar en el choque múltiple que por poco ocasionaba! Para mi mamá, era una oferta imposible de ignorar. Y aunque no fuera el día que dedicaba a hacer compras, no se podía dejar pasar esa increíble oferta. Redimiría cada cupón allí mismo.

El día de la redención

Aunque sé que toda analogía humana es limitada, comparo la promesa del regreso de Cristo con alguien que ha recibido un cupón para redimir en un día especial. Jesucristo ha salvado nuestra alma, y prometió que un día, Él mismo volvería a buscarnos... a recoger a los que salvó. La Biblia lo llama el «día de la redención». Efesios 4:30b lo menciona: «Recuerden que él los identificó como suyos, y así les ha garantizado que serán salvos el día de la redención». Un día, Jesús te ofreció la redención (como si fuera el cupón en papel).

Un día, esa redención fue tuya (como si fuera el día que cortaste el cupón de la revista). Y al fin, llegará el día en que experimentes la promesa celestial que proporciona esta redención (ver 1 Tes. 4:11-18). Jesús regresará de forma física y literal a buscarte y llevarte al cielo. «Entonces estaremos con el Señor para siempre» (v. 17).

Permite que el mañana te dé esperanza para hoy

La confianza en el futuro debería darte estabilidad espiritual ahora. Cuanto más estudias el regreso de Cristo, más esperanza debes tener en que Dios está obrando en tu vida. Uno de los versículos favoritos del fallecido rector/presidente fundador de la Liberty University, el Dr. Jerry Falwell, era Filipenses 1:6. Valoraba este pasaje por muchas razones; entre ellas, porque proporciona esperanza en que Dios nunca dejará de obrar en la vida de un creyente mientras esté en esta Tierra. ¡Además, promete que llegará el día en que todo creyente estará en la presencia física de Jesús! El versículo dice:

«Y estoy seguro de que Dios, quien comenzó la buena obra en ustedes, la continuará hasta que quede completamente terminada el día que Cristo Jesús vuelva».

Si el mismo Dios puede regresar a buscarte y llevarte al cielo, entonces te ama y es lo suficientemente poderoso como para protegerte, proveerte, desarrollarte y hacerte madurar en tu caminar espiritual hoy.

Permite que el regreso de Cristo te conforte

El regreso de Cristo no debe ser motivo de ansiedad en el corazón del creyente. El apóstol Pablo se refirió a este acontecimiento muchas veces para proporcionar aliento a los cristianos. Es más, cada capítulo de 1 Tesalonicenses termina con una referencia o información en cuanto al regreso de Cristo. La más notable está en 1 Tesalonicenses 4:13-18, donde se describe el regreso de Jesús con detalle. Pablo concluye con el claro mandato de que los creyentes se instruyan mutuamente sobre el regreso de Cristo. La seguridad de Su retorno tiene que motivar a Sus seguidores a vivir de una manera agradable a Cristo, y también reconfortarnos mientras esperamos... «Así que anímense unos a otros con estas palabras» (v. 18).

Estudia lo que la Biblia enseña sobre el regreso de Jesucristo

Te aliento a estudiar otros pasajes sobre el tema: Mateo 24-25; 1 Tesalonicenses 4:15; Hechos 1:11; Tito 2:13.

Anótalo...

...¡y ponlo en PRÁCTICA!

Anótalo...

CAPÍTULO 39

EL CIELO

«El cielo es el lugar donde Dios muestra con mayor
plenitud Su presencia para bendecir».
—Wayne Grudem, *Bible Doctrine* [Doctrina bíblica], 485

Intentar describir el cielo en unas pocas páginas no es tarea fácil. Por fortuna, no depende de nosotros imaginarnos cómo será. Dios nos proporciona una descripción del cielo, y aunque no es exhaustiva, nos permite vislumbrar el lugar de eterno reposo para aquellos que creen en Jesús.

¿Cómo definimos el cielo? ¿Es acaso la morada de Dios? ¿Representa la libertad del pecado? La palabra griega usada en el Nuevo Testamento es *ouranos*. Puede usarse para hablar del cielo estelar, la expansión, o como en Apocalipsis 21:1-2, para referirse al lugar donde viven Dios y los seres celestiales. Vemos una imagen de esta morada divina a lo largo del Antiguo y del Nuevo Testamento. Isaías describe la visión que experimentó de la sala del trono de Dios, cuando recibió su llamado a ser profeta. Isaías 6 registra esta visión y nos proporciona una imagen de los ángeles (serafines) que rodean el trono de Dios, y del mismo Señor sentado en el trono. En el Nuevo Testamento, durante su martirio, Esteban vio el trono de Dios y a Jesús en pie a la diestra del Padre (Hechos 7).

Aunque podríamos referirnos a muchos aspectos significativos del cielo, hemos seleccionado tres en los que centrar nuestra atención. El primero es comprender que el cielo es un lugar real. Allí, los seguidores de Jesús pasarán la eternidad de forma corporal. El apóstol Pablo deja clara la naturaleza corpórea de este hogar eterno en 1 Corintios 15:53: «Pues nuestros cuerpos mortales tienen que ser transformados en cuerpos que nunca morirán; nuestros cuerpos mortales deben ser transformados en cuerpos inmortales». Esto está relacionado con la persona de Jesús y Sus experiencias después de la resurrección. La Escritura registra la resurrección corporal de Jesús, e indica que ascendió al cielo, verificando así la naturaleza material del estado eterno.

Una segunda consideración importante sobre el cielo es su carácter eterno. Jesús solía referirse a la «vida eterna». En Mateo 25:46, usa el término *aiōnios*, que significa «sin fin» o «eterno» para describir el futuro de los justos y de los injustos. En este pasaje, Jesús declara: «Y ellos irán al castigo eterno, pero los justos entrarán en la vida eterna».

Además de comprender que el cielo es un lugar real, que durará para siempre, un tercer aspecto importante que recordar es que el cielo implica estar en la presencia de Jesús.

En las notas de la Biblia de estudio ESV sobre el cielo, se afirma: «Se ha dicho que la comunión con Jesús es lo que hace que el cielo sea el cielo, y es algo que los cristianos comprobarán durante toda la eternidad» (2534). Aunque el cielo guarda grandes recompensas, la mayor de ellas es estar en la presencia de Jesús.

《 AUNQUE EL CIELO GUARDA GRANDES RECOMPENSAS, LA MAYOR DE ELLAS ES ESTAR EN LA PRESENCIA DE JESÚS 》.

APLICACIÓN PRÁCTICA:

Un recuerdo poderoso
Hace algunos años, me reuní con la familia a celebrar la vida de mi preciosa abuela. Era una mujer especial, que tenía una familia numerosa y trabajó sin descanso para ayudar a mi abuelo a proveer durante muchos años. Además, era una cristiana devota y nos enseñó a todos con su ejemplo a confiar en Dios para todas las cosas... pasara lo que pasara. Sus cartas para cada miembro de la familia, escritas a mano, se transformaban instantáneamente en apreciados tesoros, ya que exudaban referencias bíblicas, aliento y aplicaciones prácticas. Cerca del final de su vida, escribió varias veces que deseaba permanecer con nosotros y disfrutar de nuestra compañía un año más. Pero en la frase siguiente, se percibía su entusiasmo al soñar con irse a «casa» a estar con su Señor y Salvador. Luego, volvía al tema en cuestión y trataba temas relacionados con nosotros como sus nietos. Sin embargo, pronto la veíamos volcándose otra vez al gozo que el cielo le proporcionaría. Estos sentimientos mezclados aparecían en casi todas sus cartas.

Una señal de estabilidad espiritual
Los sentimientos cambiantes de mi abuela (de querer quedarse aquí en la Tierra con sus seres queridos a anhelar estar en el cielo con su Salvador) no denotaban a una persona inestable. En realidad, todo lo contrario. Fue un ejemplo bien práctico de cómo se puede amar profundamente a las personas que Dios te ha dado en la vida terrenal y también amar a Dios con todo el corazón, y anhelar estar con Él en el cielo.

La verdad es que los creyentes en Jesucristo, que han entendido que todo lo bueno en esta vida viene directamente de Dios mismo (Sant. 1:17) anhelarán la comunión con la preciosa familia del Señor a la que pertenecen (ver capítulo «La ekklesia» y «La membresía en la iglesia»). Además, todo creyente que haya comprendido de verdad la profundidad del sacrificio del Señor Jesús para darnos salvación por nuestros pecados (ver sección sobre Jesucristo) anhelará estar en el cielo con Él.

Quiero irme a casa

Mi abuela no fue la única que vaciló entre querer quedarse y querer irse; el apóstol Pablo tuvo estos mismos sentimientos. Y así como nuestra familia valoraba leer sobre los pensamientos de mi abuela sobre nosotros y el cielo, el apóstol demostró las mismas emociones ante sus amigos más cercanos en Filipos, y la carta que les envió los hizo crecer:

«Pues, para mí, vivir significa vivir para Cristo y morir es aún mejor. Pero si vivo, puedo realizar más labor fructífera para Cristo. Así que realmente no sé qué es mejor. Estoy dividido entre dos deseos: quisiera partir y estar con Cristo, lo cual sería mucho mejor para mí; pero por el bien de ustedes, es mejor que siga viviendo» (Fil. 1:21-24).

Vivir con un dilema constante

El creyente maduro en Jesucristo experimentará durante toda su vida este dilema. Pablo regresa a este tema más adelante en su carta a sus amigos en Filipos:

«En cambio, nosotros somos ciudadanos del cielo, donde vive el Señor Jesucristo; y esperamos con mucho anhelo que él regrese como nuestro Salvador. Él tomará nuestro débil cuerpo mortal y lo transformará en un cuerpo glorioso, igual al de él. Lo hará valiéndose del mismo poder con el que pondrá todas las cosas bajo su dominio» (Fil. 3:20-21).

El mañana nos afecta hoy

Aquí tienes algunos sencillos y prácticos incentivos bíblicos sobre cómo el cielo debería afectarte hoy:

1. No temas al cielo

Puede parecer absurdo, pero algunos le temen a esta transición sobrenatural de residir físicamente en la Tierra a unirnos al Señor Jesús en el cielo. No debería ser así. Si crees en Jesucristo (y este es un «si» importante) entonces el cielo es un lugar glorioso y lleno de consuelo, satisfacción y verdadera paz (ver capítulo «La salvación»).

2. No te olvides del cielo

Mientras disfrutas de las bendiciones de Dios en esta Tierra, no permitas que te consuma el «ahora» y lo que el mundo presenta. Está bien querer lograr ciertos objetivos aquí, pero anhelar el reencuentro con Dios algún día no le quitará entusiasmo a las cosas del presente.

3. No olvides cómo heredaste el cielo

El gozo de hoy y la promesa de mañana deberían hacer que le agradezcas a Dios cada día por todo lo que ha hecho para darte estas alegrías. Hoy mismo, dedica tiempo mientras estás en el auto, al caminar, durante tu tiempo de estudio, etc., para darle gracias a Dios por todo lo que ha hecho por ti.

Estudia lo que la Biblia enseña sobre el cielo

Aquí tienes otros versículos para leer sobre el tema: Isaías 65:17; 2 Pedro 3:13; Apocalipsis 21; Efesios 5:5.

Anótalo...

...¡y ponlo en PRÁCTICA!

Anótalo...

CAPÍTULO 40

EL INFIERNO

«Si hay una característica básica del infierno esa es, a diferencia del cielo, la ausencia de Dios o la lejanía de Su presencia. Es una experiencia de dolor intenso, ya sea de sufrimiento físico, angustia mental, o ambas cosas».

—MILLARD ERICKSON, *Christian Theology* [Teología cristiana], 1242

Muchas veces, durante Su ministerio en la Tierra, Jesús habló sobre el reino de Dios, pero también se refirió a aquellos que no creían en Él. En todas Sus enseñanzas, el Señor habló sobre el lugar donde pasarían la eternidad los que no lo siguiesen. Aunque a veces es un tema difícil de tratar, es sumamente importante que comprendamos el destino de aquellos que no creen en Jesús como Salvador. Mateo 25 proporciona una imagen vívida del hogar eterno de las personas que rehúsan poner su fe en Jesús. La Escritura describe el infierno como un lugar de «oscuridad de afuera» (v. 30), de «fuego eterno» (v. 41) y «castigo eterno» (v. 46). En los idiomas originales de la Biblia, hay muchas palabras utilizadas para describir ese lugar, incluyendo *sheol* (Sal. 18:5), *hades* (Luc. 16:23), *tartaros* (2 Ped. 2:4), y *gehenna* (Luc. 12:5).

La más severa de todas es *gehenna*, que se refiere al lugar de descanso eterno del alma. La primera vez que se usó esta palabra fue para referirse a un valle cerca de Jerusalén, conocido como el Valle de Hinom, que se usaba para quemar los desechos y los animales muertos de la ciudad. En el Nuevo Testamento, *gehenna* se usa para denominar la morada eterna de los que no ponen su fe en Jesús. Mientras que *hades* y *sheol* se utilizan para describir un lugar para las personas antes del juicio final, *gehenna* denota el «lago de fuego» del que habla Apocalipsis 20.

Es importante considerar en nuestro estudio dos aspectos importantes del infierno:

El infierno es un lugar de separación eterna de Dios

Así como el cielo equivale a la comunión eterna con Dios, el infierno es un lugar de separación eterna de Dios. Como declara Wayne Grudem en su libro, *Bible Doctrine*: [Doctrina bíblica] «Podríamos definir el infierno de la siguiente manera: es un lugar de eterno castigo consciente para los malvados» (459). Aunque el universalismo enseña que, al final, todos serán salvos, y el aniquilacionismo que el infierno no es eterno, la Escritura no permite ninguna de estas opciones. Como ya mencionamos, Mateo 25 afirma que el infierno es eterno.

El infierno es un lugar sin esperanza

Los que están en el infierno no tienen una segunda oportunidad. Lucas 16:9-31 registra una historia que Jesús relató sobre un hombre rico y un mendigo llamado Lázaro. En el relato, los dos hombres mueren y van a la eternidad. El rico soporta un gran tormento, pero no recibe alivio. La historia describe el nivel de tormento eterno del hombre así como su deseo de que ningún familiar vaya a ese horrible lugar. En esta vívida descripción, observamos que en el infierno el hombre tiene aún memoria, sentidos (la vista, el tacto, el gusto, la sed, etc.), está atormentado y convencido de su necesidad de salvación, que le fue presentada cuando estaba vivo sobre la Tierra. Lo más desolador del infierno es que es para siempre, no hay esperanza de un cambio. Podemos experimentar muchos desafíos en la vida, pero ninguna situación terrenal se compara a los tormentos del infierno, porque allí jamás se encuentra alivio.

« LO MÁS DESOLADOR DEL INFIERNO ES QUE ES PARA SIEMPRE, NO HAY ESPERANZA DE UN CAMBIO ».

APLICACIÓN PRÁCTICA:

Una pregunta frecuente

No hace falta ser profesor demasiado tiempo para experimentar la siguiente situación. Como educador, ocasionalmente me encuentro con la siguiente reacción por parte de los alumnos que obtienen una mala nota. Cuando termina el semestre, siempre parece haber al menos un alumno que me envía un correo electrónico que dice algo como: «Acabo de revisar mis calificaciones y observo que no he aprobado la asignatura. ¿Por qué no me ha aprobado?».

Por supuesto, repaso con el alumno sus calificaciones y las instrucciones que se ignoraron o no se siguieron al pie de la letra. También recuerdo los comentarios que le hice sobre las tareas que fueron entregadas. Entonces, evalúo la cantidad de esfuerzo que hizo el estudiante para buscar clases particulares o grupos de estudio (si corresponde). Por último, identifico la cantidad de prórrogas que se le proporcionaron en el curso de la clase. Pero aun así, después de repasar todas las pautas de evaluación, las calificaciones y la correspondencia entre el alumno y yo, suele surgir la misma pregunta: «¿Por qué decidió no aprobarme?». En realidad, esto significa: «¿Por qué me hizo esto?».

El infierno es una decisión

La triste realidad es que yo no reprobé al estudiante... él se reprobó a sí mismo. Todos los alumnos conocen los requisitos, a veces reciben misericordia y paciencia respecto a las fechas de entrega, se les aclaran las condiciones que deben acatar, y se les proporciona amplio aliento para acatar las normas de la clase. Pero al final, el alumno es el que decide no respetar los parámetros establecidos por el profesor en la clase.

(Francamente, no me gusta usar esta analogía, porque no quiero que los estudiantes fracasen, pero por desgracia es algo que sucede).

Nadie (ni siquiera tú) tiene por qué tener miedo de pasar la eternidad en el infierno si depositó su fe en Jesucristo para la salvación de su alma (ver capítulo «La salvación»), ya que se trata de un lugar real que existe para aquellos que escogieron no confiar en Jesús para salvar su alma. El infierno es solo para los que deciden rechazar el ofrecimiento de Jesucristo de salvarlos de sus pecados.

Una realidad profunda

Lamentablemente, la palabra «infierno» ha quedado relegada a un uso frívolo en momentos de enojo o frustración. Se la pronuncia sin propósito ni verdadera comprensión de que el infierno es un lugar real y auténtico. Según la Palabra de Dios, es un destino que algunos escogen.

Recuerda, las personas experimentarán el infierno por decidir: (1) no reconocer su pecaminosidad ni su necesidad de perdón; (2) no someterse a la autoridad de Dios y confesar sus pecados; (3) no confiar en la realidad de la deidad de Jesucristo y Su obra redentora para salvación de pecados. El infierno es el espantosos resultado de la decisión de no reconocer la verdad de Dios respecto a nuestra condición espiritual.

Abre la boca

La realidad del infierno debería hacer que los creyentes abriesen la boca para hablar de la gracia salvadora de Dios que está al alcance de todo el mundo. Tendría que motivar a los que han sido salvos de las consecuencias de su pecado a desear que otros también estén en paz con Dios.

Mira y aprende

Pienso en todas las características literales, físicas y espantosas del infierno, y una de las más tormentosas será que la persona que deba padecer el infierno conservará su memoria. En la descripción de Lucas 16, el relato termina con que el hombre recuerda la verdad que escuchó sobre la necesidad de seguir a Dios y creer en Su Palabra, y que, en su agonía, ruega que alguien vaya a advertirles a sus seres queridos.

Aquí tienes algunas maneras prácticas en que la realidad del infierno puede motivarte a progresar en tu caminar espiritual hoy:

1. No mires el reloj

Deja que la realidad del infierno te motive a dedicarle tiempo extra a hablarles a tus familiares y tus amigos no creyentes sobre su necesidad de salvación. Aunque las personas toman en serio esta recomendación, es importante recordar que debemos permitir que la poderosa verdad de la Palabra de Dios hable por sí sola. Por desgracia, algunos se han vuelto mensajeros ineficaces por presentar el evangelio de manera confusa. Practica cómo explicarás los puntos clave de la salvación, y permite que la realidad del infierno te lleve a predicar con valentía la historia del evangelio a los que necesitan oírla (Rom. 1:16).

2. No temas al pasado... sino gloríate en el presente

Aunque el infierno es un estado real y físico para los que no confían en Dios para la salvación de su alma, si confiaste en Jesús, has sido redimido de tus pecados (ver capítulo «La salvación»), ¡así que debes gloriarte en esa salvación! Jamás olvides lo que Dios hizo por ti, sino concéntrate en la promesa eterna de que un día, estarás con Él para siempre. Aun Pablo, en Efesios 2:1-11, después de describir el espantoso estado de nuestra alma pecadora, pasa página en el versículo 4 y comienza a señalar hacia la gran salvación que Dios proveyó para el creyente.

3. No te permitas insensibilizarte a la realidad del infierno

Es un lugar real donde va la gente real que no tomó la decisión real de aceptar a Cristo como Salvador personal. Si tienes un ser querido que no ha aceptado a Cristo, no dejes de orar por él jamás. Si conoces a algún compañero de trabajo que necesita aceptar al Señor Jesucristo, comienza a orar con pasión por él y anímate a hablarle de su necesidad de salvación. Y recuerda, no te enojes con la persona que te trata con hostilidad por ser cristiano. En cambio, ten compasión de su alma y ora con fervor para que sea salva. Que jamás nos volvamos insensibles a la necesidad de salvación de los perdidos.

Estudia lo que la Biblia enseña sobre el infierno

Aquí tienes otros versículos para leer sobre el tema: Mateo 11:21-24; Apocalipsis 20:14-15; Romanos 6:23; Mateo 25.

Anótalo...

...¡y ponlo en PRÁCTICA!

Anótalo...

CONCLUSIÓN:

CONTINÚA TU TRAVESÍA ESPIRITUAL

Una mañana invernal, mi padre y yo nos pusimos nuestros abrigos más gruesos y nos dirigimos al parque a hacer una caminata por la nieve profunda. Me di cuenta de que habíamos cambiado el rumbo, porque la suela de mi bota se deslizaba más de lo que lo hacía un poco antes. Al notar el cambio, me detuve un momento, y con la bota comencé a escarbar en la nieve, con la esperanza de encontrar tierra y césped muerto. Pero descubrí que estaba en pie sobre una capa de hielo sólida y oscura. Al instante, levanté los ojos y miré a mi alrededor para orientarme. «¡Estamos sobre el lago, papá!».

Comencé a asustarme, mientras imágenes de hielo roto y agua helada pasaban a toda velocidad por mi mente joven. Recuerdo que le hice una pregunta importante a mi padre: «¿Estamos seguros, papá?». Él me respondió: «Si está congelado hasta el fondo, estaremos bien». No me convenció demasiado, porque su frase comenzó con la palabra «SI». ¡Yo quería estar seguro! De ninguna manera estaba dispuesto a caer en las aguas heladas para obtener mi respuesta... quería estar seguro.

En ese momento, mi papá señaló adelante y exclamó: «¡Mira!». En la distancia, vimos a un pescador de hielo con una tienda, sentado sobre un taburete pescando. «Míralo», dijo mi padre. «Debe ser seguro porque él también está ahí». Aunque fue reconfortante ver a otra persona poner su fe en el hielo y creer que soportaría su peso, no me alcanzó para seguir adelante. Nada me aseguraba que no terminaría nadando en aguas congeladas. El simple hecho de saber que otra persona creía que el hielo era lo suficientemente grueso como para sostenerlo no me alcanzaba. Necesitaba estar seguro de que me soportaría.

Entonces, todas mis preguntas y temores se disiparon cuando vi un inmenso y pesado camión negro que pasaba por el lago. ¡Era ENORME! Nunca antes había visto algo así... ¡un camión monumental pasando por un lago! Era algo extraño, así que me quedé mirándolo asombrado mientras pasaba. Entonces, ¡comencé a reír ante semejante espectáculo! Tuvimos que detenernos para dejar pasar a un pesadísimo camión sobre un lago congelado. ¡Qué extraño! Pero también me reí aliviado, porque ahora sabía que no tenía nada de qué preocuparme. ¡Por fin tuve la prueba de que el hielo podía soportar mi peso, el de mi padre, el del pescador, y el del camión inmenso que pasó a toda velocidad por el hielo frente a nosotros! Mi padre me miró con una sonrisa y me dijo: «¡Creo que no tendremos problema!».

Esperamos que este libro te haya mostrado que puedes confiar en Jesucristo y Su Palabra santa... puedes apoyar tu vida sobre Él. Confíamos en que hayas recibido y comprendido el fundamento esencial del cristianismo, y en que tengas la seguridad de estar situado sobre una base sólida cuando colocas tu fe en Jesucristo. Te alentamos a seguir participando de conversaciones espirituales con otros creyentes, a leer y meditar en la Palabra de Dios, y a orar y pedirle al Señor que te enseñe más sobre Él. Será lo más satisfactorio que hayas hecho jamás.

¡Puedes contar con nuestras oraciones mientras continúas tu travesía espiritual!

REFERENCIAS

El libro hace referencia a las siguientes fuentes:

Elwell, W. A. (2001). *Evangelical Dictionary of Theology* (2da ed.). Grand Rapids: Baker Academic.

Erickson, M. J. (1998). *Christian Theology* (2da ed.). Grand Rapids: Baker Academic.

Grenz, S. J., Guretzki, D., y Nordling, C. F. (1999). *Pocket Dictionary of Theological Terms.* Downers Grove: IVP Academic.

Grudem, W., y Purswell, J. (1999). *Bible Doctrine* (Abreviado). Zondervan.

Spurgeon, C.H. (20 de junio de 1858). Sermón predicado en el teatro Music Hall, Royal Surrey Gardens. www.spurgeon.org/sermons/0201.htm.

The ESV Study Bible. (2008). (1ra ed.). Wheaton, IL: Crossway Bibles.

Tozer, A. W. (1961). *The Knowledge of the Holy: The Attributes of God, Their Meaning in the Christian Life* (1ra ed.). San Francisco: Harper & Row.

Vine, W. E., Unger, M., y White, W. (1985). *Vine's Complete Expository Dictionary of Old and New Testament Words.* Nashville, TN: Thomas Nelson Publishers.

Warren, R. (2002). *The Purpose Driven Life* (1ra ed.). Grand Rapids, MI: Zondervan.

Zacharias, R. (2010). *Beyond Opinion: Living the Faith We Defend* (Reimpresión.). Nashville: Thomas Nelson.

SOBRE LOS AUTORES

El **DR. GABRIEL ETZEL** es vicedecano de la facultad de religión en Liberty University. Además, es profesor adjunto de religión y forma parte del plantel académico de Liberty University desde 2004. Además, sirve de forma activa como líder de Life Group en Thomas Road Baptist Church en Lynchburg, VA, Estados Unidos. El Dr. Etzel se graduó en economía y literatura bíblica en la Wesleyan University de Indiana, donde recibió su título de licenciado en ciencias. Asistió al Liberty Baptist Theological Seminary y completó una diplomatura en religión, una maestría en divinidad y un doctorado en ministerio. En la actualidad, realiza un doctorado en liderazgo en The Southern Baptist Theological Seminary en Louisville, KY. El Dr. Etzel y su esposa Whitney tienen tres hijos, Landon, Ava e Isaac, y viven en Lynchburg, Virginia.

El **DR. BEN GUTIÉRREZ** es profesor de religión en Liberty University, en Lynchburg, Virginia. También sirve como pastor asociado en la Thomas Road Baptist Church. El Dr. Gutiérrez recibió un diploma del Word of Life Bible Institute, tiene un título de asociado en artes y una licenciatura en religión de Liberty University, una diplomatura en religión y una maestría en divinidad del Liberty Baptist Theological Seminary, y un doctorado de la Regent University. Fue el coautor de un excelente recurso para suplementar el estudio personal del griego koiné, *Learn to Read New Testament Greek Workbook* [Aprende a leer el griego del Nuevo Testamento] (2009, B&H). Fue coautor de *Ministry Is: How to serve Jesus with Passion and Confidence* [El ministerio es... Cómo servir a Jesús con pasión y confianza] (2010, B&H), una guía práctica para servir con eficacia en la iglesia local; y fue el coeditor de *The Essence of the New Testament: A Survey* [La esencia del Nuevo Testamento] (2012, B&H), un estudio minucioso y sencillo de leer sobre el Nuevo Testamento, que incluye introducciones, información contextual, bosquejos, hechos arqueológicos, conceptos teológicos, estudios de palabras, preguntas de estudio y aplicaciones prácticas. El Dr. Gutiérrez y su esposa Tammy tienen dos hijas, Lauren y Emma, y viven en Lynchburg, Virginia.